JN272541

フィールドに吹く風

―民俗世界への覚え書き―

香月洋一郎 著

はじめに

二〇〇〇年の冬、宮田登先生の葬儀が行われた日のこと、その会場でひとりの編集者から声をかけられた。なにか話がありそうな気配だったので、葬儀がおわったあとに近くの喫茶店にはいった。

宮本常一論を書いてみないか、というのがその編集者の話だった。これにはその場で、いわば反射的にお断りをしたのだが、そのテーマでどうして私に、と逆に尋ねると、網野善彦先生からの御推薦を受けてのことだという。それなら宮本先生のご子息の千晴さんが最適任だしそれ以外に思いつく人はいない旨お答えすると、やはり網野先生からの推薦ですでに千晴さんには打診したのだが、言下に「書けません」との答えが返ってきたのだという。

それはそうだろうなあと思うほかなかった。生前の宮本常一を知る人であればあるほど、断片的にその思い出を述べることはあるにしても、論としてその存在を表現することがどれほど手に余ることなのか、その人は漠然と感じているはずである。それぞれの体験のなかに刻みこまれている宮本常一という存在のつかまえにくさは、とても「論を立てる」という作業の枠組みにおさまり切れるものではない。そう強く感じておられるひとりが宮本千晴さんであろう。

さらに少なくとも私にとっては、そのテーマでの執筆は困難という以前に、発想自体のなかになかった性質のものになる。私が追求しなければならないことはもっと別のところにあって、前述のテーマでの執筆依頼はなにかすごく場違いでなじめない作業という感じをもった。

宮本先生が亡くなる前一二、三年ほど、私はその教えを受け、その存在に強く魅かれてはいたものの、私は宮本常一の「ファン」になりきれない自分にも気がついていた。ここにこんな大きな人がいる、と諸手をあげて感動しその魅力に浸りきることができず、ではこの人から自分はなにを吸収することができるんだろうか、その存在に魅かれている自分とはなんだろうか、と常にそんなことを漠然とだが自問していた。その大きさに魅かれるほど、逆に痛感し確認するのは「距離」だった。「ファン」であるには可愛げが無さすぎたのだろう。

あのころ宮本先生のまわりには、三、四〇人ほどの若い連中がいた。私もそのひとりだった。宮本先生が亡くなって一五年ほどして、その中のひとりにたまたま会った時に言われた言葉、「私たちは宮本先生の手のひらの上で踊っていた。でも香月さんは片足だけ手のひらから出してたね。」彼女は自分の左の手のひらの上に右手の人差し指と中指を立て、人差し指を手の平からはずすジェスチャーをしながらそう言った。可愛げの無さはまわりにも見えていたらしい。

それでも教えを受けたひとりということで、この二〇年余りの間に宮本先生についての原稿の依頼がちょくちょくまいこんだ。じつはその三分の二ほどはお断りしてきた。なんらかの形で断りづらい伝《つて》を介しての依頼のみを受けさせていただいた。それでもそうした原稿はそこそこの分量になっていたらしく、本書の三分の二以上はそれらをもとにしている。

とはいえ、それらは明らかに「宮本常一論」ではない。かつて私が若い頃、宮本常一という大きな存在がどのように私の視界を通り過ぎていったかについての、私のバイアスが思いっきりかかった覚え書きにすぎない。本書の成ったいきさつについては「あとがき」に示すが、本書は読むことで宮本常一のなにかがわかるという体の書物でないことはたしかである。

以下に続く五つほどの文章のかたまりは、だからどこから書き始めてもよかったように思うし、またどこから読まれ始めてもかまわないのだと思う。結局は同じ色合いのひろがりにすぎないのだから。あるいはこのようなことわりも「あとがき」で書くべきことなのかもしれないのだが、次のページから始まる文章はきわめて唐突でぶっきらぼうな一面をもっているように思われ、「序」以前の序としてこの小文を付した次第である。

なお、以下の文中で宮本先生のことを、あるときは「宮本先生」、あるときは「宮本常一」、あるときは「彼」と表記統一を気にせずにあらわしている。単に文の流れや気持ちにしたがった——なつかしい思いが強いときには前者、その存在に強い敬意をこめたいときには後二者——ものであり、それ以上の意味あいはない。

■フィールドに吹く風■目次

覚え書き　その2

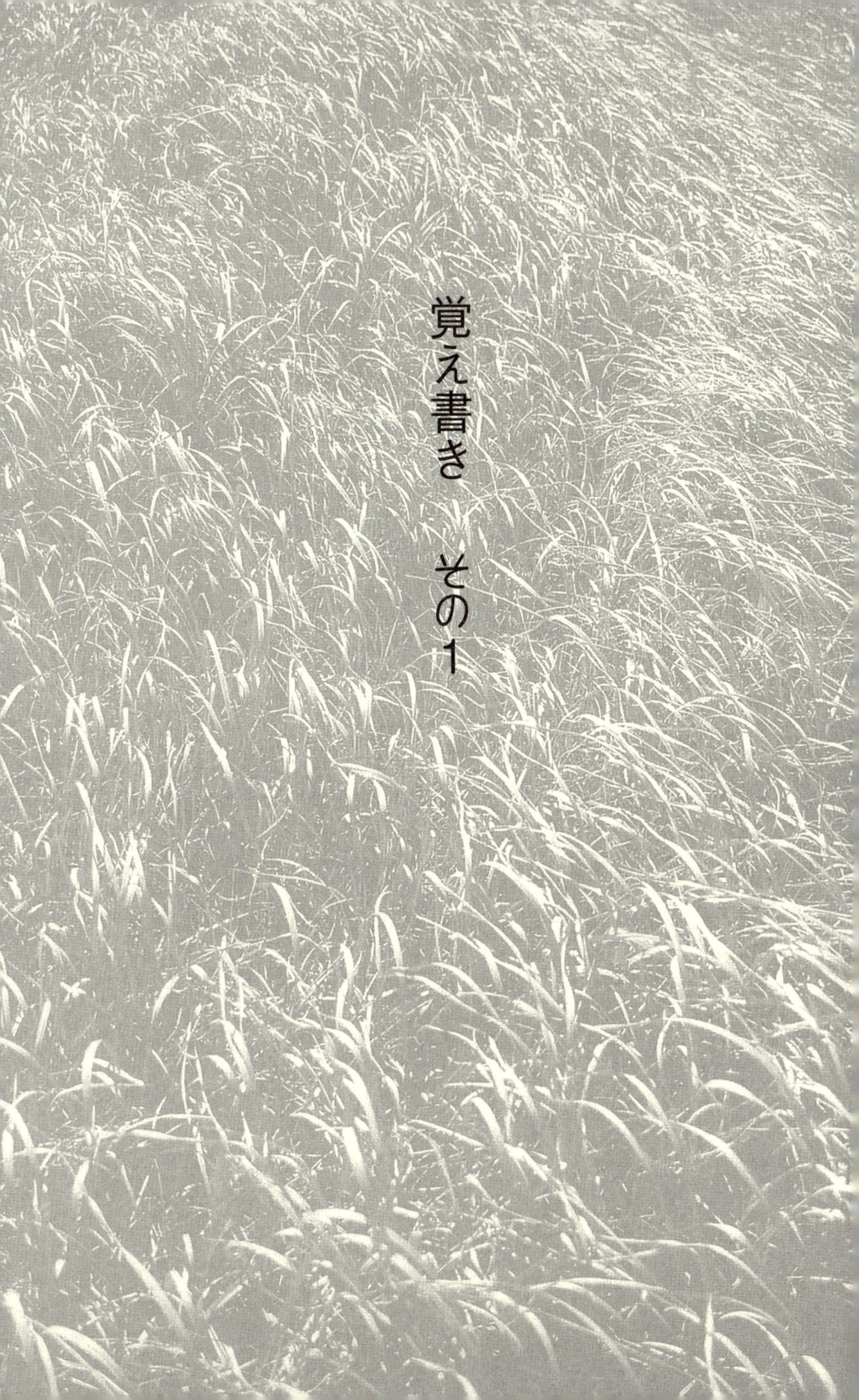

覚え書き　その1

「おい、歩いてみんかい」

――景観のなかで――

棚田　能登半島　1991年5月

1

宮本先生の文章はどれもなつかしい。たとえそれが短い文章であっても、そう、これが宮本先生の「感覚」だったな、と立ちどまりふり返ってしまうなつかしい手ざわりが、まず私のなかに届く。

かつて、宮本常一という大きな存在からいったい何を吸収できるんだろうか、とあがいた自分の若い日々があった。二九年ほど前、宮本先生の死によって、そのあがきから一旦は解放されたことになる。解放されたといっても、その問いを超えて自分が進み得たということでは、もちろんない。

宮本常一という存在があり、そこにつながる自分がいるということは快い体験だった。こういう表現では逆に伝わりにくくなるかもしれないのだが、元気よく生きていける自分がその場にいたのである。そうであればあるだけ「はじめに」で述べたように、それだけでいいのかお前は、と、その熱気のそばで自問するもうひとりの醒めた自分がいた。

一九八一年の一月、宮本常一の存在が消えた。頭の隅で自問していた問いに正面から向きあわざるを得なくなった。彼が自分のなかに残してくれたものとは何なのか、と等身大でしかない自分のなかでの問いかけが始まり、その延長線上に今の私がいる。

宮本先生の文章を読むと、そんな時の流れの原点に一気にたちもどされる。それほどそこには宮本常一が、ごくふつうに生きている。そんなあたりまえすぎることを改めて確認させられる——私はあいかわらず同じ場所で足踏みをつづけているのだろうか。

2

宮本常一の文字通りの最後の調査は、おそらく瀬戸内海西部の島の町での棚田の石積みの調査だったはずである。この町の棚田の石垣のなかには、横穴式石室古墳の羨道《せんどう》を思わせるような石積みのトンネルをもつものが点在している。谷川の水を田に引くための施設なのだが、これらがいつ頃築かれ、どのようなしくみをもつものなのかを探ることが調査の主要な目的だった。そうしてそれとともに、棚田の石積みの様式がどこまでその開田時期を探る目安となり得るのか、そのことの検証も試みようとする調査だった（注1）。

この調査に参加した私は、彼が亡くなる一か月ほど前、入院中の東京都府中市の病院に呼ばれ、調査報告書のとりまとめのための指示を受けた。

残念ながら、この町の場合は石積みの様式からの開田時期の特定は困難であるというのがその結論だったのだが、二年余り続いたこの調査を通じて、彼は人文景観を切り口として集落の開拓のあり方を探る方法の可能性に大きな手ごたえを感じていたようだった。この調査と並行する形で、その方法論の確立をめざすための全国規模の調査プランを煮詰めていたからである。それに向けての助走が始まったところで彼は息絶えた。

3

景観について語る時の彼は、本当に楽しそうだった。

たとえば調査前の打合せでこれから歩くむらの航空写真を前にして、新幹線の車窓からうしろに流れとんでゆく風景を眺めながら、また、むらの道をのどやかに歩き、山の樹々や菜園畑の作物、田の形状などに目をとめながら、それを見る眼と聞く耳をもちさえすれば景観はいかに多くのことを伝えてくれているか、ある時は感にたえぬように驚き、ある時は穏やかによみとき、倦《う》むことなく語ってくれた。

私の記憶のなかには、その楽しそうな表情の彼が永遠のものとして残っている。あれほど全国を歩き、多くの著作を残した人だったが、どこまで達し得たかではなく、何を目指したいのかという世界のなかで息絶える間際までいきいきと生きた人だった。

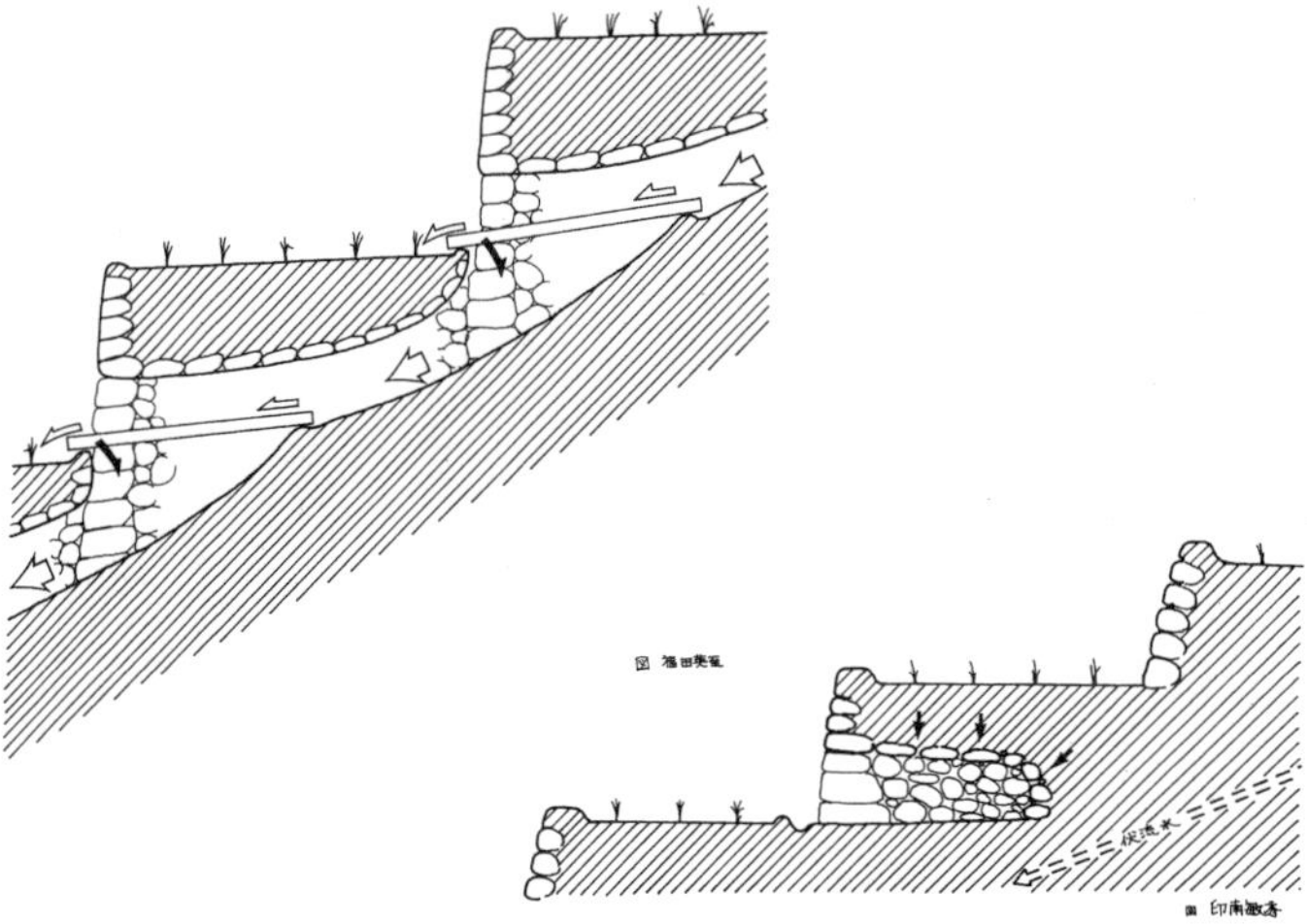

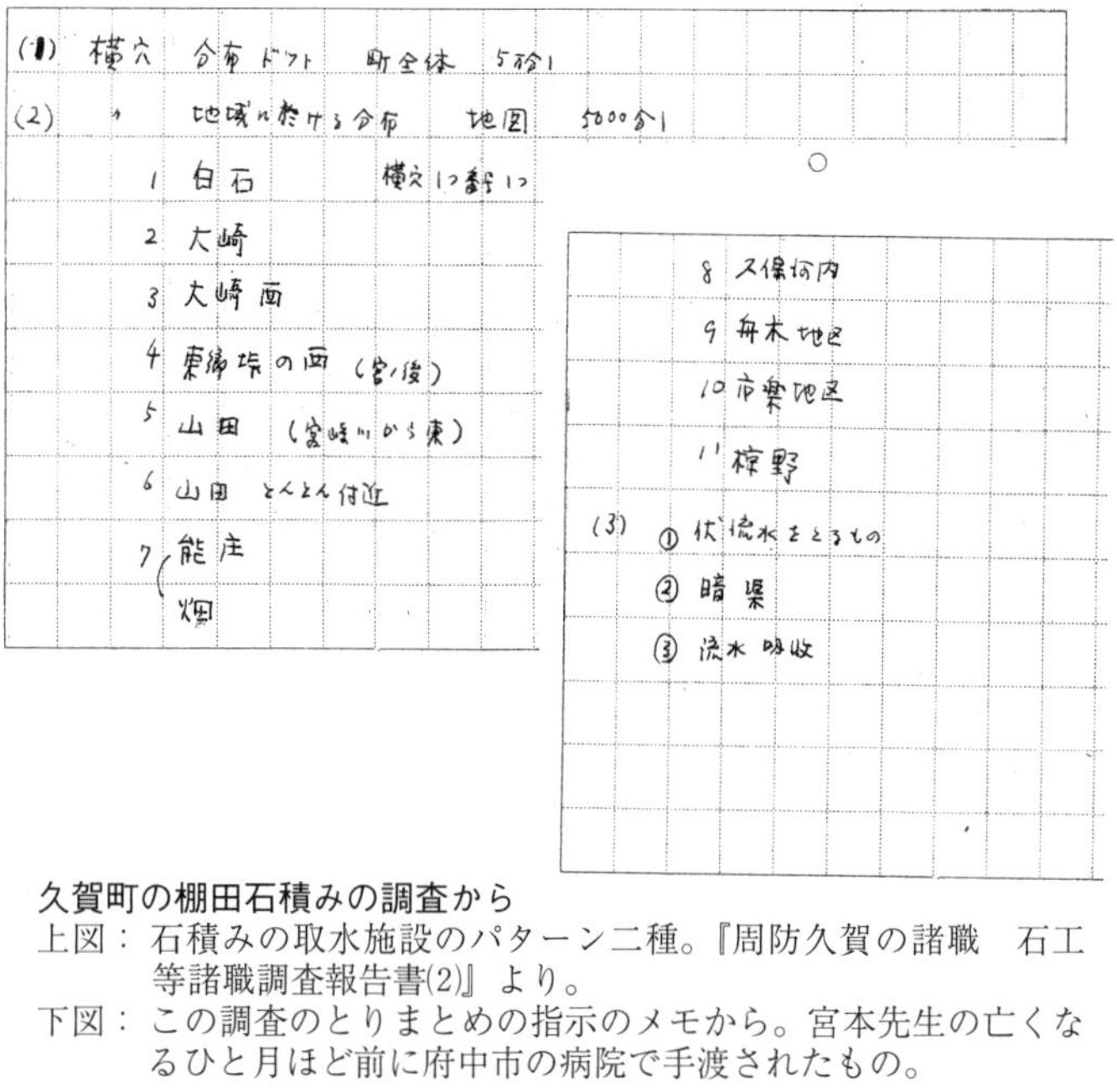
(1) 横穴 分布ドット 町全体 5万分1
(2) 〃 地域に於ける分布 地図 5000分1
1 白石 横穴1つ 斜1つ
2 大崎
3 大崎西
4 東縄手の西（宮ノ後）
5 山田 （宮崎川から東）
6 山田 とんとん付近
7 能庄
畑
8 久保垣内
9 舟木地区
10 市楽地区
11 椋野
(3) ① 伏流水をとるもの
② 暗渠
③ 流水 吸収

久賀町の棚田石積みの調査から
上図：石積みの取水施設のパターン二種。『周防久賀の諸職　石工等諸職調査報告書(2)』より。
下図：この調査のとりまとめの指示のメモから。宮本先生の亡くなるひと月ほど前に府中市の病院で手渡されたもの。

宮本先生の文章の多くには、そうした景観への興味が一貫して流れている。それも、過去がこうであったというもの言いではなく、それをひとつのよりどころとして、その土地の今と未来に思いをめぐらせて問題を指摘している記述が多い。

最近、父のことをたずねにこの町に来る人が多くなりました、と、宮本常一の郷里で農業を営んでいるご子息のひとりから手紙をもらったことがある。手紙をもらったのはもう二〇年近く前のことになるのだが、それに続く文章が私には印象深く、今でもよく覚えている。

「みな、父の昔の事を聞いていきます。でも、僕の知っている「宮本常一」は未来のことしか語らなかった。」

4

もちろん宮本は多くの顔をもっていた。人文景観への関心のみが主要な問題意識であったなどと言うつもりはない。たとえば社会構造についても同じようにその目配りは深かったように思う。それにその書き残された著作の多くには、たしかに人文景観への深い興味がその底に流れてはいるものの、逆にまとまった形での景観論はそう多くはない。とりまとめようとしなかったわけでもない。

しかしそのことを掘りさげていくと、書き残されたもののなかにどんな形で彼の本質が投影されているのだろうかという問い、また、書くという行為は彼にとって何だったのだろうかという問いにいきあたることになる。

民俗学者としての宮本常一を考えるのであれば、当然民俗学分野におけるその業績を通して、具体的には彼が書き残したものによって彼を把握し検討することが、正統で厳密なアプローチになる。しかし彼はその書き残したもので接近をはかるには、最も不向きで不適当な人物のひとりではないのだろうか。少なくとも彼と生前関わりあった人たち――もちろんあの頃宮本の周囲にいた若い世代の私や私の友人を含めて――の印象に残っている彼の存在は、必ずしも「民俗学者」としてのそれではなかったように思えるからである。

よく知られているように、彼は全国を歩くことでその視点を形成し、確認し、深化させていったのだが、同時に旅の先々で関わった人たちを触発し、支え、見守ってきた。そうした「現場《フィールド》」で彼が示した判断や行動には、彼が地域の生活文化をどのように考え、そこに人々の暮らしの可能性をどのようにみていたかについての認識や洞察力が明確に裏打ちされていた。

ここでいう現場とは、必ずしも村落調査での場のみを示してはいない。たとえばその土地の農業をどうたてなおしていくのかを若い人たちと話し合う場で、あるいは猿まわし復活のための計画をたて方向性を示し、ひとつひとつの問題をどう具体的にのりこえていくかを語りあう場で、あるいは民具の収集を通して地域を考えていく運動をおこそうと、むらの人たちと車座になって意見を交わしあう場で、彼の本質は、そうした現場での行動のなかにこそ強く存在し息づいていたように思う。

それは文字としては定着しにくい世界のものであったと思うし、文字を通してではない形で、今も様々な場で継承されているようにも思う。やはり彼は大きな「世間師」だったのであろう。やはり、とここで書くのは、宮本の死を聞いての山口県の猿まわしの古老の言葉をきわめて印象深く覚えているからである。私はその言葉を猿舞座の村崎修二さんから聞いた。

「ええ世間師じゃったがのう。あんな人がおると旅をする者は助かるんじゃが。」(注2)

「世間師」という言葉は今はそう使われていない。この言葉自体、宮本常一の「『忘れられた日本人』参照」と書くしかないかもしれないのだが(注3)。

だから私は、宮本の「民俗学」的な著作から「民俗学者」としての彼をすくいとろうとする作業にそう魅力を感じないでいる。

5

「わしらのやっていることは、汗水流して畑を耕していることに比べたら虚業じゃろう。」

この言葉は府中市のご自宅のコタツで聞いた。そのあとこう続く。

「(畑を耕すいわば)実業と虚業とは置きかわることはできんよ。けどこのふたつの間に橋を架けることはできようじゃないかい。」

この表現からだけでは、一研究者の言葉としてはごくありふれた姿勢や指摘のように聞こえる。けれども宮本先生自身、農業技術を指導して歩かれたほど人並み以上の農民であった。サツマイモ栽培を指導して歩いていた戦後の一時期は、農民から「甘藷先生」と呼ばれていたという。いわば「実業」の人でもあった。そうした片鱗はたとえば二〇〇九年にみずのわ出版から刊行された『宮本常一離島論集　第一巻』におさめられている「農業講座」においてもうかがうことができる(注4)。

一九七〇年の夏だったと思う。青梅市山間部での民具調査の折の旅館での夕食時、皿にのっていたナスを、同席者がたまたま「この品種はなんでしょうか」と尋ねた時、「ん？　オチアイのシロじゃないんかな」とか、ごく自然に応じていた。

その著書『忘れられた日本人』は常に岩波文庫の売り上げの上位に入っているそうだし、宮本常一について述べた本はてがたく売れるという。しかしそこで宮本常一を論じているのは研究者、批評家、ルポライターなど――もちろん私を含めて――能書きの世界の人間になる。

たとえば、宮本のこんな文章がある。

「自分が百姓であり、また家族の者が百姓をしていると、農民の世界がすべて此岸の世界としてうつり、仲間のできごととして関心が持てるのであるが、農業から手をひき、農村からはなれると、農村は彼岸の世界になってしまうものである。

彼岸の世界を彼岸の世界として見ていくことは客観的であり、学問的には正しいことだといえるのかもわからぬが、ほんとうは此岸の世界のなかにあって物を見ていくことの方がより真実がつかめるのではないかと思う。」（注5）

おそらく宮本の「架けようとする橋」にはこうした視点への揺らぎ――これは迷いではなく可能性への模索としての――が含まれている。そうした宮本の存在を実践の場からとらえようとするのではなく、能書きを能書きで洗いこんで精緻にしていくことで解釈していこうとする、それが「宮本常一研究」であるならば、やはり私はその価値をみとめることができても、その場に参加しようという衝動はおきない。単に橋の片側の地に己を封じこめての営為に見えてしまうからである。

私は大学三年の時、五島列島を一〇日間ほど旅した。その頃は参議院にいわゆるタレント議員が誕生しはじめた時期であり、タレントのみならずさまざまな分野の人の立候補予想が巷間をにぎわせていた。五島列島のある島で漁協の組合長さんが、雑談の席でだが真顔で私に言った言葉、「宮本先生が国会議員に立候補したら通ります。五島の票は私がまとめます」、そのときは聞き流していたのだが、今は旅先で時々思い出す。

すこし話が脇にそれてしまうのだが、ここでかつて山口県の教育委員会に勤めておられた財前司一《ざいぜんじいち》という方の文章を紹介したい。財前さんは宮本常一の山口県での調査によく同行されていた。私も調査の現場で何度かご一緒した記憶がある。

「昭和四十三年十一月二十三日、宮本常一・武蔵野美術大学教授（大島郡東和町出身）から筆者（財前）に、長門市で講演をするので、都合がつけば同行してほしいという連絡があったので、早速お供をした。

教授は、近くの湯本温泉につかって疲れをとるよりは、百姓とあって話をしている方がずっと楽しいといわれ、長門市駅前で朝食をすました《（ママ）》後、俵山の木津に直行された。

木津という所は、北と東西を低い山地で囲まれた狭い土地で、以前は、竹からパルプを作る萩にあった日東製紙という会社に竹を売って生活の一助にしていた。その会社もつぶれたので、他によい現金収入の道はないかと考えているが、名案が浮かんでこないので、よろしく御指導を賜りたいという趣旨であった。（おそらく講演依頼とともにこうした打診がなんらかの形で木津からあったという文意であろう――引用者注）

宮本教授が、

「日東製紙という会社がつぶれたというと、自然につぶれたように思われるが、これは、つぶれたのではなくあなた達がつぶしたんだよ。会社側は良質の竹を要求しただろうが、あなた達は、金にさえなればどんな竹でもいいという考えで竹を売ったでしょう。そんなことが長く続くとどんな会社でもつぶれますよ」というと、誰も黙ってうつむいていた。

教授は、田を指さして、

「この狭い田から、今以上の収入を上げるのはとても至難の技です。そうすると、今から利用できるのは、人間の手がほとんど加わっていないこの低台地だけですよ。そして、この土地の土壌の性質を、一番よく知っているのは皆さんですよ。どんなものを栽培すればよいかを、的確につかんでいなくてはならないのは皆さんですよ。

その皆さんが何を栽培してよいか分からない、どのように土地を利用してよいか分からないというのは、明らかに勉強不足ですよ。百姓にも勉強が必要なんですよ。少なくとも、今より少しでも良くなろうとすると、勉強しなくてはどうにもなりません。こんなことを今更いってみても、生活の向上にはつながらないので、とにかく山へ登りましょう」といって山に登った。その斜面の赤土の上に立った教授は、

「ここは水はけがいいですよね、この土の色を見て、どんな果樹を植えたらよいか見当がつきませんか。クリですよ。

クリは今、高級菓子の材料として非常に注目されています。マロングラッセとか、クリ

の実をそのまま使用したクリまんじゅうとか、高級菓子の材料として人気を呼んでいます。

しかもクリの栽培というものは、勝負が比較的早く、資本を寝かせておく時間も短いので、できるだけこの近くでクリの栽培に成功している所に、一日も早く行って技術を習得してきてください。その後の結果は皆さんの努力次第です」と結ばれた。

こうして、木津の人はクリ栽培の技術を美祢市西厚保町で学んだのである。」

これは宮本常一について述べた本からの引用ではない。『美祢地方歴史物語』という山口県西部山間の地域を紹介した新書判の本のなかの「農業特産物」の項の西厚保《にしあつ》のクリを紹介する文章の一節である（注6）。ここにあらわれている宮本常一の姿をみると、「ああ、これが宮本先生だったな」とごく自然に受け入れ認めてしまう。それは私だけではない。あのころ宮本先生のまわりにいた人たちの多くも同様だと思う。

「それで失敗をしたらどう責任をとるんだ」、ある種の謹厳な研究者であれば、そう尋ねるかもしれない。そしてそれはそれでもっともな問いである。しかし、もしそうなったら宮本はまた現地へ行き、また皆と一緒に考える。それだけのことである。ごく自然にそうするし、それができるひとだった。そのようにして頻繁に通った土地のひとつに佐渡がある。佐渡へは民俗調査より、地域を活性化するために渡島した回数がはるかに多かったはずである（注7）。

6

生産者世界のなかでの「宮本常一」とはいったいなんだったのか、現在それはどのように咀嚼されて生きつづけ、あるいは風化しているのだろうか。地域社会のさまざまな模索の動き自体のなかにどんな個性としておさまっているのか、あるいは乗り越えられているのか。そのありように宮本先生が語っていた「架けうる橋」の姿のなにほどかが見えてくるようにも思う。言挙げすることを第一義とはしない「実業」の世界のなかにある「宮本常一の提起した問題とその後」、これは私がなんとも気になっていることのひとつになる。が、それは能書きたれの人間の手におえることなのか。もしその時代時代に応じた「宮本常一」的存在をもとめるとすれば、それは必ずしも言挙げなどをするとは限らない人々の意志と行動のなかに、「実業」的世界の判断や行動のなかにこそ息づいているのではないのか。あるいはそこでは宮本常一という固有名詞は溶けてしまっているのかもしれない。こう書けば、それはいかにもフォークロリストのフォークロア的な記憶のされかたということにもなろうが、もとより本人にとってそれはどうでもよいことであろう。

一九五五年に思想の科学研究会が『共同研究　転向』という全三巻の書物を編んで刊行して

いる。その中巻に藤田省三が宮本についてふれている。「宮本の原理」について、これを「進歩的革命運動が採用することができ（中略）その場合には伝統の中に根拠地をもって一歩一歩運動を拡大していく型の進歩的革命主義が成立するだろう。そういう意味で宮本常一タイプの思想は汲み出して意識的に活用すべき多くの材料を含み備えている」と。

五十五年体制がみごとに崩壊して久しい時を経た今、この文章を読むと、ある時代性も強く感じてしまうのだが、宮本は藤田からそうした指摘を受けたこと自体に自負とこだわりとをあわせもっていたように思う。雑談の折に、「藤田省三がわしについてこんなふうに言ったったぜ」という形で何度か話していたからである。かといって別に反発するでも、また認めるでもなく、ただ気になる指摘として宮本のなかに刻まれている様子だった。

昭和三〇年代後半の政治の季節、「日和見《ひよりみ》」という言葉がマイナスの意味しか与えられていなかった時、宮本は「農民不安の根源」というエッセイのなかで「すぐれた農民は多くの場合日和見主義者である」と書いている（注8）。これは私には、さりげない形での、しかし深い問題提起のように思える。この言葉のむこうに、自己の拠点へのある自負と確認が見えるからである。これは藤田の指摘に対する態度と通底するものだろうか。

かつて「宮本常一」的な要素や姿勢をもつ人間は、「宮本常一」的な形をとらずとも「実業」の社会のなかに数多くいた。だから宮本常一という際立った存在も生まれた。旅をエネルギーとして、表現することへの湧き出るような衝動をたずさえて。まずそう考えてみることが自然なように思う――もとより彼の資質、経験、そしておそらく彼に「方法」のもつ生命力や「体系」に潜む豊かさを示唆した渋沢敬三の存在ということが不可欠の条件であれ。

今はそうした人々が消えたから彼が注目されているのか、そうした人々の動きを見ようとしないから彼の姿が浮き彫りにされるのか。

7

さてここでもとの文脈に戻りたい。少し前の節でふれた「現場」という言葉に帰って、それについて、ある調査の思い出を書くことで補足しておきたい。

山口県の山間の二ツ野《ふたの》という戸数五〇戸ほどの小さなむらに、県の緊急民俗調査で十二月後半に一週間余り入った時のことである（注9）。

私と四、五人の仲間は、宮本をリーダーとして民具の調査を行うことになっていた。私たちはまずむらに到着すると、むらでお世話になる人へのあいさつを終え、そのむらを半日ほど歩いた。歩きながら、彼はむらの景観から発見したいくつものことを語り、その類推の上にたってそのむらのイメージをつかもうとしていた。

翌日から調査が始まった。その四、五人でひとつのグループを組み、一日一軒ずつ農家の民具をみせていただき、話を聞き、写真をとり、スケッチに寸法を入れ、所有量を数えた。その土地の特徴を濃厚にあらわしている民具については、宿で実測図をとるために一晩お借りして持ち帰った。

夕食時とその後一時間ほどは、他分野の調査員の方々との情報交換や討議が行われ、それが終わると私たちは、ある者はお借りした民具の実測にかかり、ある者は古老の家に民具についての聞き書きに出かけた。それらの作業を終えて風呂で汗をながすと、宮本をリーダーとする民具班のミーティングが始まる。

調査がすすんでゆくと、さまざまな資料や聞き書きから、むらの姿が次第に明確になってくる。一日目に歩いて類推したむらのイメージが、次々と修正を要求されることになる。またそれとともに、当初発見した問題が次第に精緻な形で整理されてもくる。毎日毎日、宮本常一はそのことを本当に楽しそうに行っていた。一片の木塊に仏師がノミを入れてそこから像を浮かびあがらせてゆくように、次第に二ツ野というむらの姿が明らかな輪郭をもってあらわれてきた。

そのミーティングは早く終わっても午前一時、おそい時は二時すぎまで続いた。それでその日が終わり、自分のメモを整理して床につく。どれだけ眠ったのだろうか、「おい、起きてむ

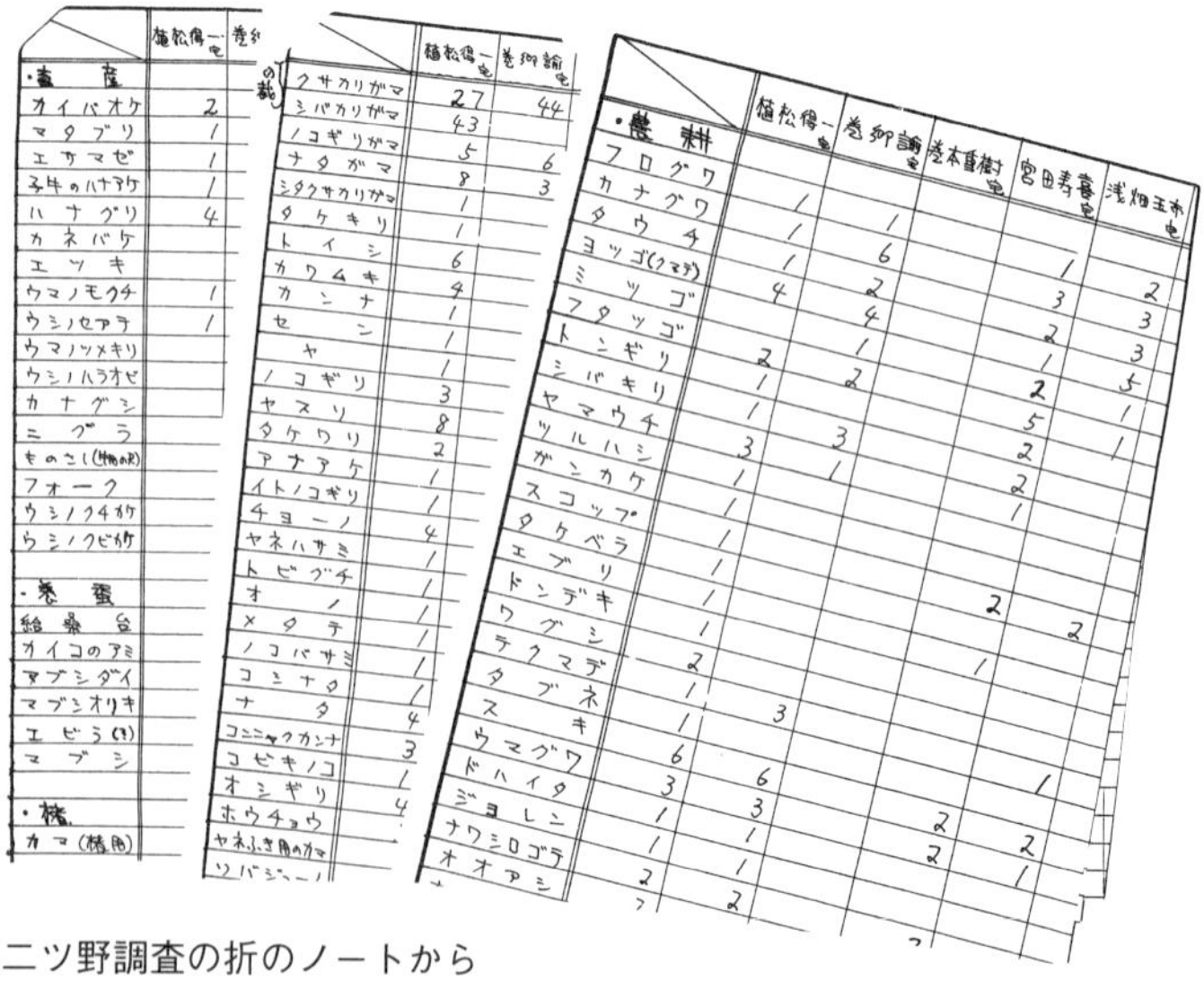

二ツ野調査の折のノートから
これは農家の所有農具の数を記録したもの。

らを歩いてみんかい。明かるくなるぜ」という宮本の声でおこされる。時計を見ると午前五時をすこしまわっている。

朝のつめたい空気のなか、霜のおりたむらのあぜみちをゆっくりと宮本常一が歩いてゆく。

そうした日が三日、四日と続くと、深夜のミーティングでは猛烈な睡魔がおそう。頭と手は眠るわけにはいかない。「香月さん、目がすわってるよ」、横にいる仲間がつつく。当時二〇代半ばだった私は、この一週間の調査で五キロ近くやせた。

人文景観から読みとったむらの姿を軸にして、諸資料とそれをすりあわせ、また逆に景観のあり方から資料の読み方を検討し、といった作業を行いつづける宮本を私はライヴで見せてもらったことになる。その作業はひとつのむらの姿を探るとともに、「方法としての景観」を探ろうとするものでもあった。宮本はあらわれてくるむらの姿そのもの以上に、それを浮き彫りにしてゆく手法の検証に熱中していたからである。

宮本常一の「現場」とはそれになる。自分の試行錯誤の手のうちをそのまま見せ、自分がむらをどのように考え、調査という行為をどう考えているかを平明に示しつつ方法の確立に迫ろうとしていた。そのプロセスのなかにこそ宮本の「現場」は存在した。

彼の死後、私はよくこの時のことを思い出す。すごい人だったな、と。それとともに、あの人を背負えばたいがいのことは言えるんだろうが、それほどあの人の姿勢から遠いものもないんだろうな、と。

だから本当は宮本常一のこと、彼から教えをうけたさまざまなことをこうしたベタな形で述べたくないという気持ちが、まだ私のなかのどこかにある。

8

そうして、宮本はフリー・ランサー的な姿勢を生涯もち続けた人でもあった。それゆえに彼の文章の多くは「食べるために」書かれたものでもある。

彼の死後作られた年譜の「昭和三二年（一九五七年）五〇歳」の項には次のように書かれている。

「戦後ずっと定収入なし。あまり金にならぬ雑文を書いてわずかに糊口をしのぐ。」（注10）。彼は三〇代から四〇代にかけての時期に渋沢敬三宅に居候をし、また郷里にいくばくかの農地をもってはいたが、自由な人間としての姿勢をもちつづけた。

『宮本常一追悼文集　宮本常一――同時代の証言』に寄せられた永六輔さんの文章のなかに次のようなくだりがある。永さんは宮本からひとつのことを頼まれていたという。それは、

「私（宮本を指す――引用者注）が頼んだからといってそのままする必要はないけれども、役所仕事の講演、それから企業サイドの講演は出来るだけ断って欲しい。で、聴衆が、一〇人でも二〇人でも来てほしいというところへね。何丁目何番地のあるいは大字どこどこ字どこどこの何の何兵衛という人から頼まれた仕事を最優先してほしい。何故そういうかというとそれは役所が怖がることだからだ。つまり、役所が呼べなかった人が、何の何兵衛さんが、何子さんが何男さんでもいいんだけれど、市民が呼ぶと来るっていうことを役所に見せていかないと。行政レベルで日本が変っていくことはとても堪えられない。だから、それは全部断わってほしいというんじゃないけれど、せめて優先してほしい。」

ということだった（注11）。

そのあとに「それを言われた直後から、ぼくはその通りしていますね」という永さんの文章がつづくのだが、宮本はなによりもこうした姿勢をもって生きつづけた人だった。フリー・ランサーのフリーであることの積極的な意味を、その生き方の基本に据えていた。だから彼は書きつづけた。

一九六四年、彼は五七歳のときに武蔵野美術大学の教授になる。私がその著作集の第二巻『日本の中央と地方』を読んで宮本宅におしかけたのは、六九年、大学二年の秋だったから、その教授時代のことになる。現在刊行されている彼の日記には、この年の十月十日に私が彼の自宅を訪れた旨の記述がみえる（注12）。その記述によると午前一〇時にうかがい、夕方までいたことになっている。なんと厚顔なと恥じ入るほかない。それ以降、彼が亡くなるまでその教えを受けることになったのだが、その間、私は彼の「おい、月給というのは怖いぜ。ありゃ寝とっても入る金じゃからな。人を堕落させるぜ」というつぶやきを何度耳にしたことだろうか。「大学に勤めるようになったら、つきあいの幅が三分の一に減ったよ。こわいもんじゃね」、そんなことも話していた。

やがて彼は定年を待たずにその職を辞した。教授時代、その月給の半ば以上を周辺にいた若い人間を育てることに充て、原稿料や講演料で自分の生活費を補っていたはずである。

「私は、めしを食うために本を書いた。みなさんがたは私の腹のなかにたまった糞をなめているようなものです。ああいうものはできれば読まないでほしい。」一九七七年の今和次郎賞受賞の折、彼はそのような主旨のあいさつを述べている。この表現には、授賞式という場での儀礼的な謙譲以上の意味が含まれているように思える（注13）。

9

食べるために書いたといっても、原稿料が出ようが出まいが、印税が支払われようが支払われまいが宮本は書きたいことを書きつづけた。問題を発見していく歓びをそのままに表現していった。腰をおちつけてじっくりと著述を行うには、彼の生活も問題意識も忙しすぎた。新たな問題を発見すればするほど彼はいきいきと反応した。

その宮本が、彼の意志で進んで書いた著作が一冊ある。一九五九年、五二歳の時に書きあげた学位論文であり、これはのちに『瀬戸内海の研究Ⅰ　島嶼の開発とその社会形成』（一九六五年、未來社）と題して刊行されている。この書は本来全三巻の構成をとっており、その最も核となる内容については三巻目に示す旨、宮本は一巻目の中でことわっている。その三巻目とは景観論による瀬戸内文化研究の性格をもつ予定のものであり、彼の方向性が最も強くあらわれる巻になるはずのものだった。刊行されている一巻目においても景観はしばしばとりあげられてはいるが、それは多くの部分でいわゆる歴史地理学的アプローチにとどまっており、彼らしい個性は抑えられている。けれどもその後、この書の二巻目、三巻目が書かれることはなかった（そのため未來社は再版にあたって、そのタイトルからⅠの文字を削っている）。

さらに晩年、彼は自らの意志で書きたい二冊目として「海からみた日本」というテーマでの本について周囲の人によく語っていたが、その構想の一部をいく人かに話しただけで彼は逝った。

現在も未來社から彼の著作集は断続的に刊行されている。二〇〇九年十二月の時点で五六巻（本巻五〇、別巻二、別集四）を数える。刊行態勢と編集へのエネルギーが今後も持続されれば、その総巻数は一〇〇巻に近いかそれを超すものになろう。それだけの著作を残した宮本だが、本当に書きたかったものをあとへあとへと延ばしていき、ついに果たせなかった著作活動だったといえるようにも思う。

ただ、こう書いてくることで彼の著作についてなんらかの弁護をしようなどという意図は毛頭ない。私にはその力もないし、またもとよりその必要もない。それでも、あるいはそれゆえに、宮本常一の眼はつねにその先、さらにその先を見ていたのだから。そしてその姿勢こそが彼の本質だったのかもしれない。顔をあげてその先を見る、まさにそのために彼は常に足元を深く掘りさげつづけた。

宮本先生の文章を少し読み込んでいくと、そうした生き方や状況までもが、さりげない形でおさまっていることに気づく。そのことにふれたかっただけである。

10

永六輔さんの文章を引用した宮本常一の追悼文集のなかに、岡部真木子さんの次のような文章もおさめられている。

「広島県史の調査の時だった。一日の聞き取りが終って、涼しくなった夕暮の風のなかを、少しくたびれて、少し充ち足りて宿まで皆で歩いていた。田の畔につと寄った先生は、ほとんど実った稲穂を引き寄せられた。「よう実っとるな。みんな米の出来高の出し方を知っとるかいな」まず一穂の粒数をしいな（実のはいっていないモミ—引用者注）を除いて数える。この穂はしいななしで一四〇粒あった。これに一株の穂数二〇をかけ、一坪の株数八〇をかけ、三〇〇をかけて一反の粒数を出す。これを一斗の粒数一五〇〇〇〇で割ると約四石五斗。この田は反当り一一俵余りの収穫になろう、という。調査のこんな一時は実に楽しかった。」（注14）

これは広島県の山間の小さな盆地の山すそを歩いていた折のことになる。私もその場にいた。これに類するさまざまなことをどれほど教えられたことだろうか。

その時彼は、すでに平安末期には荘園がひらけていたこの地域を歩きながらこうつぶやいていた。

「ひょっとするとここは田堵《たと》のむらじゃないんかな。この地域に成立した田堵のむらが時代を経るとこんな風になると思うんじゃが（田堵とは、平安時代の荘園において荘田を耕し、年貢、公事を納めていた農民を指す）。」

それはなぜだろう。宮本先生が理解されている「時代を経た田堵のむら」とはいったい何にもとづいての発想なんだろう。あまりにも本質的な質問を、あからさまにそして安易にぶつけていいものだろうか、その時私は迷っていた。その言葉のすぐあとに、彼は田で作業をしていたおじさんに声をかけて稲の一穂をわけてもらい、岡部さんの述べた時間がつづく。だからその情景は今も思い返すことができる。

宮本の景観論には、心象世界のあり方を探ろうとする方向性はそう強くあらわれてきてはいない。柳田國男の書を読み民俗学の扉を叩いた以上、そうした問題に関心がなかったとはいえないはずだが、まずなによりもそこに住みつき住みつづけてきた人間の営みを、技術に重きをおく現実的な眼でよみとき、暮らしを支え規制してきたしくみを探り、そこから文化を見ていこうとし、またそこでの限界と可能性を見ることで今とこれからの問題を考えようとした。

宮本は調査の手段として――多分正確にはひとりの旅人のメモとして――カメラを多用していた。彼が歩きながら何をどのように撮っていたのかは、その写真集が刊行されており、また一九六七年から七六年にかけて刊行された『私の日本地図』（同友館）一五巻のシリーズ（現在未來社から著作集の別集としてリニューアル版が刊行中）にもよくあらわれているが、そこで切り取られているのは、ありふれていて、しかしそこを支えている「その地の今」である（注15）。

元来宮本は生産技術、生活技術に目配りの確かな研究者に対してはその評価が固かったが、ここでいう技術とは、たんに道具の使い方やその普及といった次元のものではなく、技術的な条件や技術性に規制される暮らしの諸状況、すなわちむらの立地や土地占有の経緯や規範、さらにまたそれらを反映するむらの社会関係のありかたや、集団としてのその意思までも視野にいれたものになる。

そしてそれは、もとより宮本本来の資質や境遇によるところもあったのだろうが、言うまでもなく渋沢敬三との出会いによるところが大きかった。日常生活を現実的に支えているごくありふれたことを誠実に記録化してとらえ、そこから生活文化の体系を探ろうとする姿勢は渋沢敬三のなかに深く息づいていたからである（注16）。

11

目の前にぽんとどこかわからない航空写真が置かれる。景観写真が置かれる。さあ、そこからどんな問題を読みとることができるか、何を語ることができるか。宮本の目指していた「方法」とは、たとえていえばそんなところから始まる。

航空写真を使ってその土地の歴史や文化を解説した書物は、そう多くないにしてもある程度刊行されている。

「けれどあれは文書資料なんかで前もって土地の素性がわかっているところを、上からみたらこうでございます、ってやつが多いだろ。そこから先がない。」

ある時宮本はそう話していた。

しかし宮本の景観の読みとりにしても、数多くの資料や踏査体験にもとづいたものにすぎないのではないか。景観そのものが口をきくわけじゃないんだから。

ひょっとするとそんな反論がどこかから出てくるかもしれない。それには私は黙っているしかない。ひとつは私は宮本常一ではないという理由で。それにもうひとつは「方法」という言葉の理解がそこまで違えば何も言うことはないという理由で。

むらを歩き、景観から読みとったさまざまなデータをもとにしたその土地の姿と、文書資料や聞き取りによるむらの姿とを、問題として三分の二以上すりあわせることができれば——これは合致させるとか裏づけるという意味ではない——「景観」は「方法」にたちあげることができるんだが。

彼はそう考えていた。そうして楽しそうにこの試行に正面からとりくんでいた。

その晩年、宮本は東アフリカを一か月ほど歩いた（注17）。帰国して一〇日ほど経った時、当時小金井市に間借りをしていた私のところに電話が入った。

「アフリカのスライドがあがったんじゃ。ちょっと見にこんかい。」

借家から宮本宅まで自転車で二五分ほどである。着くと居間の本棚に白い紙を張ってスライド映写会が始まった。

「おい、こりゃ日本でいうたら「名田《みょうでん》」じゃろ。こんな地形のところにこんなむらがあるぜ。それでその隣にこんなふうにむらがある。土地の割り方からすると定住のありかたがちごうとるしその時期もちがうよな。それがこんなふうに接していたら、こっちのむらが古いし、境はこのあたりにある、それが日本みたいなとこのむらの定住感覚じゃろ。そう思ってみるとここは二コマ前のスライドのむらと作付自体はそうかわらんが、地域内のありかたとか社会の性格がちがうということにならんかい。どうなんじゃろなあ。けどこ

この植生をみるとなァここんとこは……」（注18）

といった切り口の話がしばしば展開した。

「日本」とは、「アフリカ」とは、「特殊」とは、「普遍」とは、「定住」とは、そうしてそのむこうにある「景観」とは、と、白い紙に写し出されたアフリカの風景の前で、宮本常一は概念を交錯しつつ手さぐりで「方法としての景観」を浮き彫りにしようと語りつづけた。

私はおちついてアフリカの風景を見るどころではなかった。この語りの底にある概念発想をどこまで自分の脳味噌の内にとりこむことができるのか、そのことしかなかった。

結局は消化しきれないままに熱気のかたまりをうけとり、深夜の武蔵野の住宅街を自転車で家へ戻った。

12

楽しさとは模索のなかにある。たとえその場でどんなに自分の知見の誤謬が正されようと、その模索の時間と場を舌なめずりするように楽しんだ。それが宮本常一だった。

折にふれて彼の文章を読みすすんでいくほどに、私のなかにはそこまでの人間像がうかんでくる。これはあきらかに「行間」に入りこみすぎている。生前の彼を知っているがゆえのもの言いになる。宮本はその著作を通して接近するには不向きな人間でないか、と前に述べた。書物を通してしか宮本にふれ得ない人たちにとって、これはフェアではない。

けれども、もちろん私自身も含めて、生前の彼を多少なりとも知っているということがどれほど彼を理解していることになるのか、同様にそれだって心もとないもんだ。逆にそう思うしかない。

あの頃宮本のまわりに群れていた私達は、各々の身の丈に応じて宮本常一からなにかエネルギーのかけらのようなものをもらった、あるいはかろうじてかすめとり得たのであろう。その断片とのつきあい方は各々の自由でもある。そこで自分以外の何かを背負う必要はない。

章や節をたてて表現することが手に合わなかった宮本の文章は、たとえ一般向けに書かれたものでも、その玄関口を啓蒙的な発想で紹介するのではなく、きちんと、しかしさりげなく奥の間まで見通せる形で玄関口を提示している。なにかを与えようとする文章ではない。自分の現場に招きいれようとする文章である。私や私の仲間にフィールド・ワークの手ほどきをするときと同じように。

彼からの断片は断片ではないのだろう。

だから冒頭に述べた、それでどうするんだお前は、という難儀な問いに戻ることになる。

13

かつて「宮本先生」と呼んでいた人物を、この文章では「宮本」とも言い、「彼」とも表現する。そのように客体化して文を書くほどの場が成立し時も流れ、私も相応に年をくったのだが、この文章を書き始めてから、ずっとどこからかその宮本先生の声が聞こえている。

「おい、能書きはそのくらいでええじゃろがい。そんなことよりそのそばにある航空写真を広げてみいや。おゝもしろいじゃろが。人間のつくりだす風景は。」

本書の文章が、このあともどこか固くぎこちないままに続いていくのも、私は本当はその声のせいにしたい。

注

1 この調査は宮本の死後、『周防久賀の諸職　石工等諸職調査報告書（2）』（久賀町教育委員会刊）として一九八一年に刊行された。

2 同様のことは『生活学会報』第一八号　Vol. 8 No. 2　宮本常一先生追悼号（一九八一年）に宮本千晴さんが「世間師《しょけんし》の学」と題して書かれた追悼文の中にも紹介されている。その古老は「二〇〇〇人の猿まわしを送り出した高洲でも一五人たらずしか知られていないという名人のひとり」の「白石のおじいさん」の悔みだという。この表現は宮本常一という存在の本質をくるんだものとして印象にのこる。またこの表現は講談社学術文庫から一九八五年に刊行された宮本常一『塩の道』の解説文でも田村善次郎氏が引いておられる。

3 宮本常一『忘れられた日本人』(未來社、一九六〇年)の「世間師」(一)、(二)参照。「日本の村々をあるいて見ると、意外なほどその若い時代に、奔放《ほんぽう》な旅をした経験をもった者が多い。村人たちはあれは世間師《せけんし》だといっている。」という文から始まる章になる。なお、この語は本来「しょけんし」と読むはずだが、岩波文庫版(一九八四年)では「せけんし」とルビがふられており、判然としなかったため本文ではルビをひかえている。

4 この書の「II 農業講座」の文章は、もとは季刊『しま』(全国離島振興協議会刊)の第二号(一九五四年三月)から第十一号(一九五六年九月)にわたって執筆されたものになる。

5 この文章は『日本の民俗11 民俗学のすすめ』(池田弥三郎・宮本常一・和歌森太郎編、河出書房新社、一九六五年)の「エピローグ」から。

6 財前司一・土屋貞夫ほか『歴史物語シリーズ9 美祢地方歴史物語 秋吉台周辺の今むかし』(瀬戸内出版、一九九三年)のなかの「美祢地方アラカルト」の「農業特産物」の項から。

7 宮本常一『私の日本地図7 佐渡』(未來社、二〇〇九年)の注の冒頭参照。

8 『宮本常一著作集2 日本の中央と地方』(未來社、一九六七年)の「四 農民不安の根源——風にそよぐ葦——」より。原文は一九五九年の『人間の科学』に掲載。

「日和見というのは眼前の状況判断をしつつ、自己の態度を明らかにしないことである。一般に日和見主義者は軽蔑されて来た。しかし日本では農耕も水運も日和を見定めるまではその日の行動を決定することはできなかった。」という文章のあとに本文で引用した文が続く。そしてまた日本の近代化について、「自己と対立するものに対して真の対決意識を持って立ち向かわなかった」点を指摘し、「そのよって来るところは日本人の自然に対応する態度の中に求められるのではないかと思う。その対応の姿勢が人びとを卑小にし、風にそよぐ葦たらしめたことは大きかった。」と結んでいる。乗り越えなければならないが、安易に否定できるものではない旨の指摘がなされている。

9 この二ツ野の調査は昭和四七年十二月下旬に「山口県玖珂郡美和町二ツ野地区民俗資料緊急調査」として七泊八日で行われた。団長は宮本常一で、牛尾三千男、岡本定、財前司一などが参加。

10 宮本常一著『日本文化の形成』下（筑摩書房、一九九四年）のなかの「宮本常一年譜」より。

11 『宮本常一追悼文集　宮本常一――同時代の証言――』（宮本常一先生追悼文集編集委員会編、日本観光文化研究所発行、一九八一年）。永六輔さんのこの文章は「一四　映像と芸能を通じて」の章におさめられている。

12 『宮本常一　写真・日記集成』下巻　昭和四〇～五六年（一九六五～八一）（毎日新聞社、二〇〇五年）によると、昭和四十四年十月十日の日記に「10勝［香］木。」とあり「10時香月君来る。一ツ橋の学生、山村をあるいて見たいとのことでいろいろはなす。夕方までいる。」とある。

13 『生活学会報』第一〇号　Vol.5 No.1　第三回今和次郎賞宮本常一特集（日本生活学会、一九七八年）

14 に「受賞者あいさつ」として紹介されている。このくだりは正確には「私は飯を食うために書いたんです。あれを書かなければ飯が食えなかったんです。（中略）みなさん方は、私の腹にたまった糞をなめているようなもんだろうと思います。なるべくなら、ああいう書物は読まないでほしいんです。（中略）食わねばならぬから無理して書いた。」また、この号には宮本の武蔵野美術大学退職記念講演が掲載されているが、その中に次のような言葉がある。

「ここへ来たら給料をもらえる。寝ている間にも給料というのは入るんですね。まったく不思議なのです。」そしてかつて原稿で暮らしをたてていた時代のことにふれ、自分にとってはそのほうが大事だったと述べている。「なぜ大事だったかというと、いつも自分の生活の上で不安定であるということは、自分自身がこれからさき、何をしていったらいいか、このままでいいのかという反省がたえずつきまとっていた」からであり「一番大切なことは、自分を見つめ、自分をはげましていくことではないかと思います。」と述べている。

なお注2で紹介した『生活学会報』第一八号には、宮本千晴さんの次のような文章がある「「わしの本はわしが死んだらあまり読まれんようになるよ」とよくいっていた。ほとんど自分で書きたくて書いたのではなく、頼まれて書いたものであるから、長く残る本にはならないというのである。そして「食うためじゃから、しょうがないのよのお」と笑った。」

これについては注11で示した書の「八　武蔵美・発掘・生文研」におさめられている。ただし原文は「一斗の粒数一五〇〇〇」となっており、あきらかに計算があわないため、岡部真木子さんに確認して本文のように改めた。

15　写真集とは、二〇〇五年に毎日新聞社から刊行された『宮本常一　写真・日記集成』上下巻別巻一を指す。なおこれを底本として再構成された写真集が同社から『宮本常一が撮った昭和の情景』上下巻として二〇〇九年に刊行されている。未來社からの『私の日本地図』は二〇〇九年十二月の時点で、全一五巻のうち四冊が刊行されている。なおそのネガは宮本常一の郷里周防大島町の周防大島文化交流センターで保存、整理されている。

16　渋沢が吉田三郎、進藤松司、拵嘉一郎に依頼した作成記録にはそのことが端的にあらわれている。そうして彼等もその作業を行うことのなかで日常生活を探っていく視点を獲得していった。これについては拙稿「記録する農・漁民」（『歴史と民俗』一九号、神奈川大学日本常民文化研究所、二〇〇三年所収）参照。

17　これについては宮本常一『宮本常一、アフリカとアジアを歩く』（岩波書店、二〇〇一年）参照。

18　ここで使われている「名田」という語の意味は、そこを拓いた人が己の名をその土地に冠し、またそれが貢租の責任者であることを示す中世的な開墾形態を示しているが、現在、中世史の学界では、この語は必ずしもそのようなシンプルな意味をもたせて使われてはいないらしく、この文中では宮本常一独特のニュアンスを含んだ用例となる。

「あっと思ったら……」

――体系へのイマジネーション――

山形県　飛島にて　2005年11月

1

宮本常一は、私のなかでずっと追究していきたいと思う表現を、いくつも語り、また書きのこしてくれている。たとえば、

「間違えてはいけないことは、なにかを知っているというだけでは思想にはならないという点だ。ぼく自身のことでいえば、瀬戸内海の島で生まれた農民の子で、農民、それも西日本の農民の目でものを見ていく。そこからぼくの思想が生まれるし、発見がある。」（注1）

彼の行動や著作のなかにこの言葉を置いてみると、「西日本の農民」とは単に地域と生業とを示した語ではなく、存在や思想そのものを定義づけているといっていいほどの力をもつものであることがわかる。気づくと足元にうまっており、また生きていくことでそれをより明確に体系化してきた依って立つ拠点、とでも表現すればいいのだろうか。

2

では彼にとっての「西日本の農民」という概念は、たとえば私の場合はどのように発想し得

る何なのか。時折そんな風に考えてもみるのだが、しかしこれは問いの姿で私の内で模索をつづける存在確認のひとつの形にすぎないのだろう。

「目の詰んだ民俗誌を一冊でも二冊でも書き残せ」、これは耳にタコができるほど言われた言葉である。だからそれは彼から私への宿題のように感じている。これまでに二冊の民俗誌をとりまとめてみた——三冊目はもう無理だろうとは思う（注2）。

最初の一冊は、高知県長岡郡大豊《おおとよ》町の立川《たぢかわ》仁《に》尾《お》ケ《が》内《うち》という焼畑農耕を行っていた戸数三〇戸余りのむらの記録である。その記述の三分の一ほどを、ひとりの古老からの聞き書きをもとにしてまとめた。彼からの聞き書きについて、私はかつて次のように書いたことがある。

「七年ほど前から、四国山地のあるむらに通っている。（中略）

ここに明治三十八年生まれの古老がおられる。その人の話を聞きにお宅へうかがった回数は、もう何十回になるだろうか。往復九十分の録音テープに記録した話の量だけで五〇本を越すが、実際に話をうかがった量はその倍ではきかない。

まだ話が切れる気配はない。一度として重複した話も出てこない。それどころか、聞けば聞くほど、この土地の背負ってきた文化が、この人の一生のなかに凝集してあらわれており、それがひとつの体系をもって眼前に展開していく。

夏の午後、話がひと区切りついた時に、開け放した縁側からアブが唸りつつとびこんでくる。そのアブを追いつつ、話はこの地のアブの種類と呼称、牛馬への害の防ぎかた、さらには様々な昆虫に対するこのむらの人々の認識へと広がり、それがそれまで聞いていた焼畑の話と結びついていく。

秋の夕、ふと湯呑を置いて向かいの山の端に入る太陽に目をやると、その山の景色が幼少時自分にとって何であったかについて話がほぐれていく。それはまた、山に囲まれたこのむらにとって町とは何であったかという問題に結びついていく。

もとよりその聞き手は私である。半ばはこのおじいさんの話すにまかせつつも、そのあいづちの打ちかた、質問の出しかた、話の切り口の設定などに、私は私で問題意識を押し出していく。

こうして何十時間も百何十時間も話を交していくと、そのおじいさんの背負っている生きかた――ひいては文化――と、私の生きかたとが切り結びを始める。そのおじいさんの話を聞けば聞くほど、私がこれまで背負ってきた自己というものをみつめるはめになる。

それは、先方がひとつの体系をもってあらわれてくるだけに、自分が、いま、ここにこうした形で存在しているということについて、ある体系でとらえようとするにはどうしたらいいのか、そうした問いをつきつけられていく。」（注3）

私があるスタイルの答えを想定して問いを投げる。古老が答える。ああ、そんな形で語れる暮らしがあったのか、そんなふうに暮らしが語れるのか、と答えのなかの事柄とともに答え方への驚き、そしてその驚きの積み重なりが私にとってなによりも新鮮だった。

結局この古老の録音テープの量は一二〇本ほどになったのだが、こうした時と場をもち得ることは、聞き手にとって血が騒ぐことである。これは理解していくという営為の過程に潜む快感であろう。聞く者が己の洞察やイマジネーションを問いという形で延々とぶつけ、それを話し手は自分の背負った文化の体系に沿って応じ返し続けてゆく。その時間と場は聞く者にとって、話す側の世界によって照り返された自分の姿を知っていくことにつながるからである。

向き合っている対象が個である以上、その照り返しは個としての己にそのまま戻ってくる。聞き手は己の内の狭い水脈をつたって、たとえば「地域」、「社会」といった概念を見直し問い直すことにもなる。もうひとつのフィールドは私自身のなか、自分の足元でほこりをかぶっているもののなかにある。

だから私がその古老の語りを忠実に記録すればするほど、そこにあらわれてくるものの本質は、その古老の姿そのものではなく、私のなかに刻み込まれた彼の残像にすぎなくなる。聞き書きとは、個別性、人格性を強く含む資料の記録化作業である。ただ、そうした体験をもつ時間の中には、普遍への手ごたえを感じさせるたしかな明るさも内包されているように思う。こうした時間は、伝承文化を追っている己の存在を信じ、肯定できる時間でもあった。

もとより、民俗誌の作成とは、その土地の生活文化を構造的に把握していくための記録作業である。それがいわば「表」の目的であろう。しかしそれは、この章の冒頭でふれた己自身の存在への問いをより鮮明に浮き彫りにしてくれる作用をともなってそこにあらわれる。

3

そして目の前にいる古老の伝承性の豊さを感じたとき、調査だの記録だのということを超えて、なぜか、ただ心が弾み魅かれる。「民俗誌を書け」という「宿題」に、逆に私がのめりこんでいった理由のひとつはこれになる。

それをどう表現すればよいのだろうか。

——たとえばこう書いてみる。

ある体系の内包を予想させる混沌を前にすると、私たちはどこか安堵感をもつのだろう。それは、そこに潜んでいるであろう体系への期待と、体系的な世界は混沌のなかに潜む形でこそ、その本来的な姿をもつという思いを確認したことに拠っている。そうした思いは、いつどんな形で私たちの内に育まれたのかはわからない。洗い出されてゆくプロセスそのものが体系の本質であると決めつけたい衝動の変形かもしれず、自己のうちに潜んでいるらしい体系を探

三椏《みつまた》を蒸す
焼畑のむらで　高知県長岡郡大豊町　1992 年 2 月

り、把握したいという希求の強さの投影かもしれない。しかしそのことで混沌は磁場を形づくる。

――あるいはまたこんなふうに。

目の前にいるひとりの人間が、己の体験を語ってくれている。その言葉は洗練されている。しかしそれは、練り上げられたゆえの洗練ではなく、すぐに言葉のはしからその背後の暮らしへとほどけ、つながっていくようなふくらみをもったものである。内に完結した言葉ではない。だからこそそこで私に伝わってくるのは、言葉で表現された彼の暮らしであるとともに、彼を生きさせてくれた世界が言葉という媒体にかかわっていく姿でもある。ダイアローグの中で言葉が引き受けてくれる諸体験のありようである。その場が解《と》けると、言葉に紡ぎだされた暮らしの骨格は私のノートやテープに残り、言葉という媒体に変じた生活の主体はどこかに消える。

どうもどこか能書きが能書きをこえて空回りを始めそうになるので、ここで止めておきたい。

「そんな目にあってみろよ。はまるから」、言ってみればただそれだけのことなのである。そしてそのはまった世界のなかに、自分の足元をみつめてゆく方途も埋まっていることになる。

いわゆる「古老」という存在を頭において、伝承性豊かな人間、と私は書いたが、なんのことはない、宮本常一は「君の中にも伝承性が漠然としかし豊かに潜んでるんだよ。本人が気づいてないだけだろ。」と、いわゆる民俗的伝承をなぞる形でそんなメッセージを――多分笑顔で――送っていたことにもなる。「ただ、それを拓いていくのは君ひとりの力じゃできないんだよ」とも。

なにかすぐれて深く大きなものとのダイアローグは、自分自身の発見につながる。私の場合それは「民俗」という概念の発見でもある。不十分な表現だが、私がのめりこんでいったとば口はここになる。

4

聞き書きという行為は、他者の個を垣間見せてもらうことによって、己の個の内をあらためてより深くのぞき返す時をその中に生む。しかし私がこのとき、ごく自然に納得して受け入れてしまっていることがある。この聞き書きを私がとりまとめたとしても、私がその場で受け止めたもっとも大きなものは、文字であらわして外の世界に伝えうるものではないらしいということ。それはこれからも私を歩かせ人の話を聞くことを支え、また私が他人のとりまとめた聞き書きを読む時に洞察としてはたらくことはあっても、私が取りまとめうる文章を通じてはほんの薄くしか伝えられないのだろうということ。

とはいえ、私の体験を振り返ってみて、聞き書きにおいて前述のような時と場がそう度々もてたわけではない。そんなふうに切り結びえた――もとより私の一方的な「切り結び」であろうとも――と思える人は私のなかでは数えるほどしかいない。しかしだからといって、それ以外の聞き書き作業の価値が薄いというつもりもない。聞き書きとは、まず話し手と聞き手とが存在してこそ成立する営みである。そこでの多様な関係や展開を総体として受けとめてこそ、その方法を論じることが可能になる。聞き書きのそうした面についてはすでに別のところで述べているため、ここではくりかえさない（注4）。

ただ、民俗学における聞き書きという枠組みを超え、人が人に話しを聞くという営為自体にまで考えを広げる場合でも、さきほど述べた「磁場」の存在は、この営為の本質につながるひと筋の水路を成しているように思う。

5

前章でふれたように宮本常一はカメラをメモがわりに使っていた。このことはよく知られている。一〇万コマほどのその写真は郷里で整理、保存されている。私も宮本の写真の撮り方について駄文を書いたことがある（注5）。その写し方は「あっと思ったら写せ。おやっと思ったら写せ」であり、そう私たちに指導していた。

だからその調査についていくと、私たち（かつての若い者）は見よう見まねで気づいたことを次々とカメラで記録するようになっていく。はじめて入ったむらを丸一日歩くと、三六枚撮りのフィルムを一〇本ほど使ってしまうこともめずらしくない。だから当時――フィルムカメラ時代――の私たちは、出来合いのフィルムは買わず、一〇〇フィート巻のフィルムを買い中古のパトロネを使って自分で巻いてフィルムを準備していた（デジタルカメラが主流になった現在、これは半ば死語になっているのかもしれないが、パトロネとはフィルムの円筒形の金属ケースのことであり、その頃はヨドバシカメラの店内の階段の踊り場に中古のパトロネのはいったダンボールがおいてあり、そこから自由に取ってよかった）。これだとフィルム代が四割くらい安くあがる。

「はじめてのむらだと、一日あるくと一〇本くらい写すことがある。」、二〇年ほど前ある大学のシンポジウムに招かれた折、フィールドでの写真の利用について具体例を示しつつそう話したことがある。後日、そのシンポジウムの記録がまとめられ冊子になって届いた。最後に解説が付されていて、そこに解説者が私のその表現を受けて、「現実には数本が限度であろう」と記していた。このことはそんなに伝わらないものかと驚き、なにか腰がひけてしまった。かつて宮本について歩いた若い連中の間では、私のような写真の写し方はわざわざ言挙げするほどもないくらい自然なことだったからである。

その解説文を読んで、「言わなくてもわかる相手じゃないと言ってもわからない」とはこういうことかと思ったが、ただそれ以降、フィールド・ワークでカメラをどう使っているかということを話すこと自体がおっくうになった。自分の身についてしまったスタイルについて、ことさらこまかに話すこともないだろうと思うにいたっている。

たとえば目の前に谷川が流れている。そのそばには棚田がある。川のすぐ脇の棚田の石垣の石は丸い。川原の石を運び上げて積んだものであろう。そのひとつ上の棚田の石垣の石は角ばったものが多い。田を拓くときに地中から出た山石をそのまま用いたのであろう。ひょっとすると川のすぐそばの田には川原の石を利用してよいという権利が付いていたのかもしれない(注6)。そんな疑問が頭に浮かぶと、そのメモがわりにシャッターを押す。川と丸石の棚田の石垣とその上の角石の石垣をセットにして一枚、丸石の石垣と角石の石垣をそれぞれ一枚、それで三回シャッターを押すことになる。角石の石垣が野面石《のづらいし》ばかりでなく、切石があればまたそこを一枚、切石は石垣の石としてはより新しい場合が多いからである。さらにまた、角石の田から下の丸石の田に、あぜ越しに水をおくっているようなら、その水の落とし口の写真を一枚。あぜ越しの水路はかつての開拓の単位や所有の単位を暗示させる資料性をもつからである。こうしてなんのへんてつもない棚田の前で、カメラのアングルやかまえる場所を少しずつ

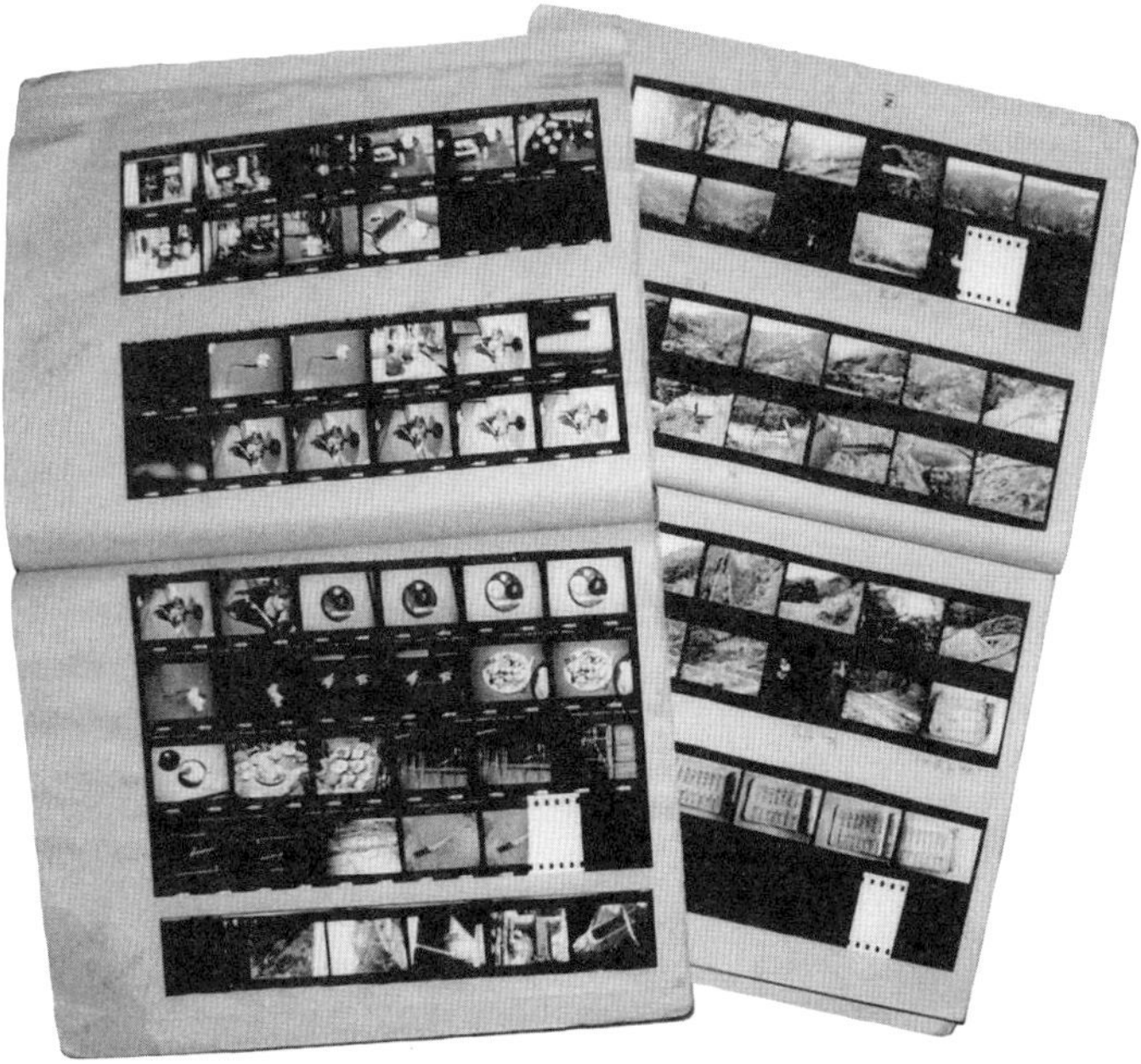

フィールドでの写真
かつて存在していた日本観光文化研究所では、ほとんどの所員は「月給」的な報酬はなく、ある程度の調査旅費の支給と、その成果を発表する機会を時折与えられていた。ただ、調査で撮影したフィルムを整理して提出すると、その整理代は支払われていた。これはネガをディスクトレイに納め、スクラップブックにベタ焼きを貼り、そこに場所、日時、写真の簡単な説明を記入していた。同研究所解散後、これらの写真はその親会社の近畿日本ツーリストにしばらく保管されていたが、現在は各々撮影者の手元に戻っている。

変えて、シャッターを五回、六回と押すことになる。

しかしこうしてどれほどのコマを写しても、これらは気づいた問題の粗い索引にすぎない。風景の中に疑問符を書いた付箋をやたらと貼り付けまわっているだけのことである。そこに答が浮かび上がってくるわけではない。もちろんなかには誤解や早とちりの写真――これは調査がすすむとわかってくる――も混ざっている。しかし一日にフィルム一〇本を使うということは、一日に「あっと思ったり、おやっと思ったり」したことが三六〇回ほどあったということになる。

写した写真はベタ焼きにしてスクラップブックに貼る（五七ページ参照）。ささやかな驚きや発見の依代《よりしろ》が、きわめて漠然とした形でベタ焼きを貼ったアルバムの中に詰まっている。あとでそれをめくると、ちょうど海のなかに浮かぶ島々のようにフィールドの記憶、土地のイメージが生のままに混沌とあらわれてくる。シャッターを押さないかぎり、そうした記憶の多くは底に沈むか曖昧になっていく。検索データとしての写真を残しておくことで、その土地での聞き書きや諸資料の伝える世界とこれらの写真群との相関性を、常に頭のどこかで模索するようにもなる。そしてそれは「体系」への手探りの、なんともわけのわからない痕跡でもある。

しかし、同じ場所、同じ時に同じように宮本常一と一緒に歩いていた私の友人と、後日互いのベタ焼きを貼ったアルバムを見比べてみると、シャッターを切った対象に驚くほどの違いがあらわれている。アルバムを数ページめくりそのベタ焼きの絵面《えづら》を見ただけで、それはだれが写したものかわかるほどに「あっと思い、おやっと思う」ことに個人差がきわだっている。

フィールド・ワークとは、机をはなれて陽光のもとに飛び出し、現実そのものに直面する体験である。しかしそれはその現実を——さまざまな人との出会いの偶然性などまでも含めて——そのフィールド・ワーカーのバイアスが思いっきりかかった世界でとらえ直し表現していくことでもある。

そしてまたこの自分のバイアスを己で見つめ、それを思考のスタイルにまで昇華、洗練させていくことを要求される作業である。ベタ焼き写真にあらわれる感覚の個人差は、そうしたことの起点の次元でのアナロジーでもある。

日々あたりまえのことをあたりまえとして支えているもの——生活文化とでも言えばいいのだろうか——は、まずなによりもその日常的な個々の事象の関係性のなかにこそ存在している。眼前の混沌とした日常を、まず問題の群れとして受け止めようとする姿勢を抜きにしては「方法」への離陸はきつい。そのためにフィールドでの体験を自分のなかにどう記憶させ刻みこんでいくのかという模索はごく自然ななりゆきでもある。

「あっと思ったら、おやっと思ったら……」という言葉は、自己の内にあるささやかな気の動きを無視しないようにというメッセージにすぎないのだが、そのむこうにある深く豊かな世界を探っていく行為への始動ボタンとしての言葉でもある。そしてそれは苦も楽も納得づくでフィールドにはまりこんでしまった人間の心の弾みや志が息づいている起点でもある。誰にでもスタートがあり、誰もが離陸を志し離陸しようとする時をもっている。そしてその勢いこそが誰にとっても「基点」のはずである。それは常にそこに立ち返り己を確認する磁場でもある。知ってはいたけれども十分に認識してはいなかった自分の問題意識をより明確に把握していく場所になる。一見わけのわからないベタ焼きの写真群のむこうに、「場」などとはとても言えないおぼろな存在としてその磁場の原初が浮遊している。

さきほど、自分のバイアス、という言葉をつかった。フィールド・ワークとは、それにたずさわるひとりひとりの次元でみれば、私的な一面をずっと引きずってゆく作業のように思える。フィールド・ワークを始めた頃に、彼、もしくは彼女が多少なりとも目の詰んだ歩き方をした土地での体験は、その後その人が地域の文化を考えていく際のひとつの柱になっていく。もとよりその後さまざまな土地を歩き調査の体験を重ねていくことで、初期のその体験は相対化されてはいくのだが、相対化されつつもある座標軸となってその人のなかに生き続ける。くり返しになるのだが、そうした自分を見つめ返し確認していくこともフィールド・ワークの一部をなしている。

6

フィールドにおいて、ほうっと息をつき、なにも考えずにただ風に吹かれているような時間がある。そんな時、なぜかひょっこりと、としかいえない形で宮本先生の言葉が頭に浮かんでくることがある。それがこれまでこの章でふれたような言葉になる。

また、たとえば、

「ひと月旅を続けたら感覚が変わるぞ。感覚が変わるってのは、読んでいる本の評価が変わってくるからわかるんだよ。部屋で机に向かっているときの名著と旅先で読む名著が違ってくるんだ。ひと月以上旅を続けるとはっきりそれがわかってくる。わしらの若い頃、福本和夫と河上肇とでは、「福本イズム」と称されていて福本和夫のほうが世間じゃ騒がれとった。けど、旅先で読むと河上肇のほうがおもしろいんよ。で、その河上肇より櫛田民蔵の本のほうがおもしろかった。机に向かって読むと名著という代表格は羽仁五郎の本じゃないかな。

けど今は新書があるからええなあ。持ち運びに便利で活字も大きいじゃろ。わしの若い頃、本は重たいものばっかりじゃったから、読んじゃあ旅先から送り返しよったよ。」

こうした言葉がふっと頭のなかによみがえる。

こうした言葉の浮上は、じつは大学二年のときに宮本常一と出会い、「まず歩いてみるこっちゃ」という彼の言葉から始まった「旅」とは自分にとって何なんだろうという問いでもある。いや、これも問いの形をとってはいるが問いではない。「答え」への帰着を強く求めているわけではないのだから。宮本の片言隻句をなぞることで、何度も立ち戻る自分自身の磁場を確認しているだけのことだろう。

かつて若い頃、聞き書きの帰りに山の中の踏み分け道をひとり歩きながら、なんで俺はこんなことやってんだろう、何をやろうとしているんだろう、そう思うことがたびたびあった。今、それはない。そうした問いが消えたわけではない。むしろ内在化してしまい、問いとしての体をなさなくなった、それだけのことであろう。そしてこの内在化はうっかりすると惰性に転化するやすらぎを潜ませてもいる。起点の記憶を自分の中につなぎとめておき、なにかの折にそれがすっと立ち上がって伝えるその手ごたえの粗さは、それなりに意味をもっているように思う。

注

1　宮本常一『宮本常一、アフリカとアジアを歩く』岩波書店、二〇〇一年、八四ページ。

2　一冊目は『山に棲む　民俗誌序章』（未來社、一九九五年）、二冊目は『海士《あま》のむらの夏』（雄山閣、二〇〇九年）。

3　拙書『空からのフォークロア　フライト・ノート抄』（筑摩書房、一九八九年）の「15　歩くことのむこうに　ふりだしにもどって」より。これは私にとって大きな体験だったため、拙著『山に棲む　民俗誌序章』や『記憶すること　記録すること――聞き書き論ノート』にも引用した。

4　拙書『記憶すること　記録すること――聞き書き論ノート』吉川弘文館、二〇〇二年。

5　「フィールドでの記録――宮本常一の景観写真から――」と題して雑誌『未来』の四四〇号～四四二号、四四四号～四四六号（いずれも二〇〇三年刊）に六回連載。

6　こうした権利が存在することは宮本先生からうかがった。なお、川沿いの田ゆえの特別な権利については拙著『生産領域の民俗』（未來社、一九八三年、改訂版、二〇〇〇年）の「12　伏流水掌握」において別の事例を紹介している。

「やってみてから言ってください」

——一丁の鋸を見ていくことから——

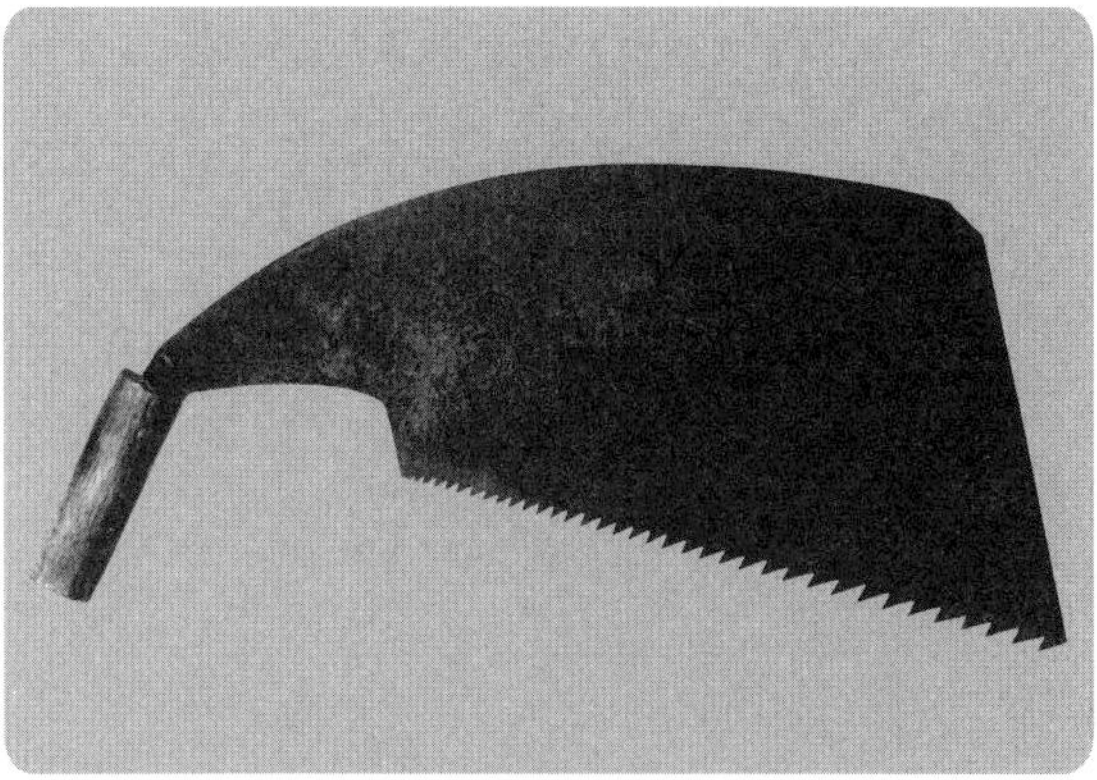

木挽鋸　高知県大豊町立民俗資料館　1982年10月

1

たとえば目の前に一丁の鋸が置かれている。それを見てどれほどのことが言えるのか、その数が一丁から一〇丁になった場合、そこでどのような問題がみえてくるのか、一〇〇丁になったらどうなのか。

もう三〇年近くも前、私は四国の山中でそんな問いを、道具の使い手と作り手の双方に対してぶつけ、教えてもらっていたことがある。その町の民俗資料館に一万点を超す民具が集められており、そのなかでも鉄製の農具や刃物はその四分の一を占めていた。そこに木挽鋸《こびきのこ》も一〇〇丁余り並んでいた。

木挽鋸とは前ページの章扉に写真で示したが、板材を切り出すための大きな縦引き鋸のことであり、これを使って稼ぐ職人を木挽といった。私はその場に木挽の古老や鋸鍛冶の古老に来ていただき、一丁一丁の鋸を前にして、気づいたことを自由に話してもらっていた。ある木挽の古老は一丁の鋸を手にしてこう語る。

「この使い手が誰なのかは知らん。知らんけれども、腕のいい人やな。けど仕事には恵まれんかった。おそらく親方との折り合いが悪かったのかそれとも本人が神経質やったのか、いやひょっとすると体が弱かったのかもしれん。腕ほどの働きをせずに一生を終わった人じゃろう。」

私は驚いて、そのひとつひとつについて、なぜそう判断できるのか問い返す。

その古老はまた答える。

「木挽をやった者の目から見れば、鋸の歯の目立てで腕がよいかどうかは一目でわかる。この目立てはうまい。うまいというよりきっちりしすぎるくらいきっちりした性分の人じゃろう。むしろ癇《かん》が強すぎるほどの人じゃろう。付き合うにはちいとむずかしい人じゃなかろうか。この鋸はええ鋸やが、形はこの土地のものとしては少し古いんよ。そのわりに使い込まれていない。木挽としてなにかうまくいかんかったんやないんか。ふつうに考えりゃ体が弱いか、人との折り合いが悪うて仕事が続かんやったか、どっちかぞね。いや、ほんとうのことはわしは知らんよ。けどこの鋸からみると自分にはそんなふうにみえるんやが。」

切実、とはこういうことであろう。その道具に頼って暮らしをたてていたという切実さと、それゆえに道具の形状の微細な点にいたるまで使い手の技量や意思や立場が反映している切実さと、さらに言えば、かつてこの鋸一丁を購うのに米一俵分の資を必要とした切実さと、そこにはいくつもの切実さが入れ子構造のように存在している。

かって木挽稼ぎに携わっていた人たちの多くは、経済的に豊かな生活をおくっていたとはいえないのだろうが、この「切実さ」をそのまま「貧乏」という言葉に置き換えると——人と道具の関わりという視点からは——微妙に軸がブレる（注1）。そしてこうした重層的な「切実さ」の存在ゆえにひとつの拠りどころが得られ、そこから「民具学」という方法の一端が立ち上げられていく。

たとえばどこかの富農の若旦那が無聊《ぶりょう》をかこって一〇日ほど木挽のまねごとをして放り出した、遊びとして使われたそんな鋸がそこにあったら、その木挽の古老は、これは道具として使われた木挽鋸には見えない、だから自分にはわからない。おそらくそんな答えをするはずである。現に彼はある鋸を見てこんなことをつぶやいていた。

「こりゃめずらしい。クロキ（針葉樹）向きの目立てじゃのうて雑木向きの目立てをしとる。この持ち主はこの辺で仕事をしたんじゃないとちがうか。けど出稼ぎしたにしちゃ目立てがへたくそな。素人がみようみまねで稼ぎもようやらんと自家用の材を引いてそのまま放っといたんと違うか。ようわからん鋸やな。」

木挽鋸の歯
上左：下駄材などに使うやわらかい木に向いた歯の角度。
上右：左の鋸よりかたい木を切るのに向いた歯の角度。歯の先端のくぼみはチョン歯といい、材にくいこむ機能をもつ。目立ては材を切る直前に行うのだが、これらはいずれも資料館に収集さたもののため、目立ての状態の本来あり方を示してはいない。
下：高知県の大豊町立民俗資料館に収蔵されている百丁余の木挽鋸。
2008 年 10 月

2

日本の縦引鋸の歴史は、まず中世に明《みん》から二人引きのものが伝わり、近世になると前述した一人引きの縦引鋸が考案され広まったとされる（鋸自体は古墳時代から存在していた）。縦引鋸の普及以前は、割裂性の良いヒノキや杉を選び、たたき割る、あるいはたたき切って板材を得ていたが、縦引鋸の普及により大きな板が取りやすくなり、また利用できる材の種類が広がった。一人引きの縦引鋸はきわめて幅広くダイナミックな形状をもつ道具だが、ひとりの力で引いて引き道をブラさずに板を取るためにはこうした形が要求されたのであろう。そうしたことがこの鋸の一般的な説明ということになる（注2）。

そしてそのことだけを説明するのであれば、目の前に木挽鋸がありさえすればどんな木挽鋸でもかまわない。しかし眼前のまさにその鋸からのみ発している情報とは、たとえば前に紹介した木挽の古老の言ということになる。

またたとえば、作り手のひとりである鋸鍛冶の古老は目の前の一丁の鋸を見てこう話す。

「こりゃ古い鉄ぞね。洋鋼が広がる前の鋸じゃろう。サビだらけになっとりゃわからんが、地肌がでとるやろ。この地肌の具合の感じは古いぞね。」

彼はまた別の鋸の前で、
「ああ、これは近江の八里《はちり》さん（八里平右衛門、滋賀県甲賀郡甲南町の鋸鍛冶）のところでつくったもんじゃ。土佐の鋸は総鋼じゃが、これはナカゴのとこに鉄との継ぎ目があるでしょ。銘も土佐の刻印銘と違うてタガネで、ここに「平右衛門」と刻まれとらァよ。この人の鋸はこの辺にぼつぼつ入ってきとったんじゃがね。けどこれは古い鉄じゃないけんね。まぁ大正のころからのちのもんじゃろう。」（注3）

私はそれらを書きとめ、そうした言葉のいわば追跡調査をはじめることになる。これについてはすでに別のところでまとめているためここではふれない。ここで述べてみたいのはそこから先のことになる。

目の前に一丁の近世になって普及をみたとされる一人用の木挽鋸がある。

まずその鉄の質をみる。明治二〇年代以降に民間に広まったいわゆる洋鉄、洋鋼でつくられているのか、それ以前の鉄でできているのかを知るためである。とはいえ、よほど慣れない限り肉眼のみでの判断は困難であり、あぶなっかしくもある。さほど手間のかからぬ方法として、グラインダーによる火花試験がある。これは荒物屋で売っている三〜四万円のグラインダーで十分なのだが、鋸に傷をつけてしまう欠点がある。傷をつけず、より正確さを期すためには、県立の工業試験場レベルに備えられている工学用の顕微鏡を用いればよいのだろうが、この方法はグラインダー以上に手間がかかり機動力に劣る。これらの方法は博物館の収蔵品であればまだしも、調査先の農家で常に行いうる方法ではない。ここではフィールドでの状況を基本にして考えようとしている（注4）。

身も蓋もないことを言ってしまえば、今、日本中にある博物館・民俗資料館から鎌、鍬、鋸、鉈などを集めてきて目の前に積み上げたとしよう。おそらくその八割ほどは洋鉄、洋鋼でつくられているはずである。だとすれば、これはふだん見慣れている鉄と少し感じ――表面や材質感――が違うな、と判断できる感覚を磨き、とりあえずはその見慣れない鉄の道具にしぼって、材や製法についてより精緻な詰めの調査をするしかないように思う。

さて、その材が洋鉄、洋鋼以前のいわゆる和鉄だったとしても、その道具自体の製造時期が古いという判断をすぐにくだすことは危険である。材としての鉄は何度も再生して使われるものである。また、鍛冶職人の世界に、輸入された均質性の高い圧延鉄板――これがいわゆる洋鉄・洋鋼になる――が普及していく明治二〇年代以降においても、特注の形で和鉄の鋸は細々とではあるがつくり続けられていた。その下限は大正半ば頃までであろうか。この時期は、木挽鋸による作業自体が動力の丸鋸によってしだいに駆逐されていく時期とも重なる。

こうした一律に線を引けないやっかいさが、民具の様式分類という整理作業には内包されている。

3

次に木挽鋸の材の接合部分の有無を見る。鋸身全体が総鋼であれば、前述の古老の言ったように土佐系の技術であろうし、鋸の本体が鋼でナカゴ（柄にさしこむ部分）が鉄であれば、播州系の鋸かもしれないし、江州系の鋸鍛冶の手によるものかもしれない。たとえばその一〇〇丁のうち和鉄の江州鋸が七、八丁もあれば、これは明治以前から江州の木挽が出稼ぎに入っていた可能性が考えられる。「切実」な状況のなかで使われてきた道具の数には、そんな方向の推論を許す性格を潜ませてもいる。

鋸に刻まれている銘を見てみよう。鋸鍛冶の銘が刻印銘であれば土佐系であろう。その銘に土佐の鋸鍛冶集落である片地《かたじ》（高知県香美市土佐山田町）の「片」の字が付せられていればほぼまちがいはない。他地方の鋸の多くはタガネ銘が主体となる。また、その土佐系の銘の周囲に「特選」や「登録商標」といった語が打ち添えられていれば、大正期以降の作であろう。土佐打刃物の銘の世界に「登録商標」という認識が定着するのはほぼその頃のことになる。

腕利きの鋸鍛冶の銘は、それを擬した贋作が出回ることもあったため、一律に判断はできない場合もあるのだが、鉄製の道具でも鍬と違って鋸はこうした銘による時代や鍛造職人の判定

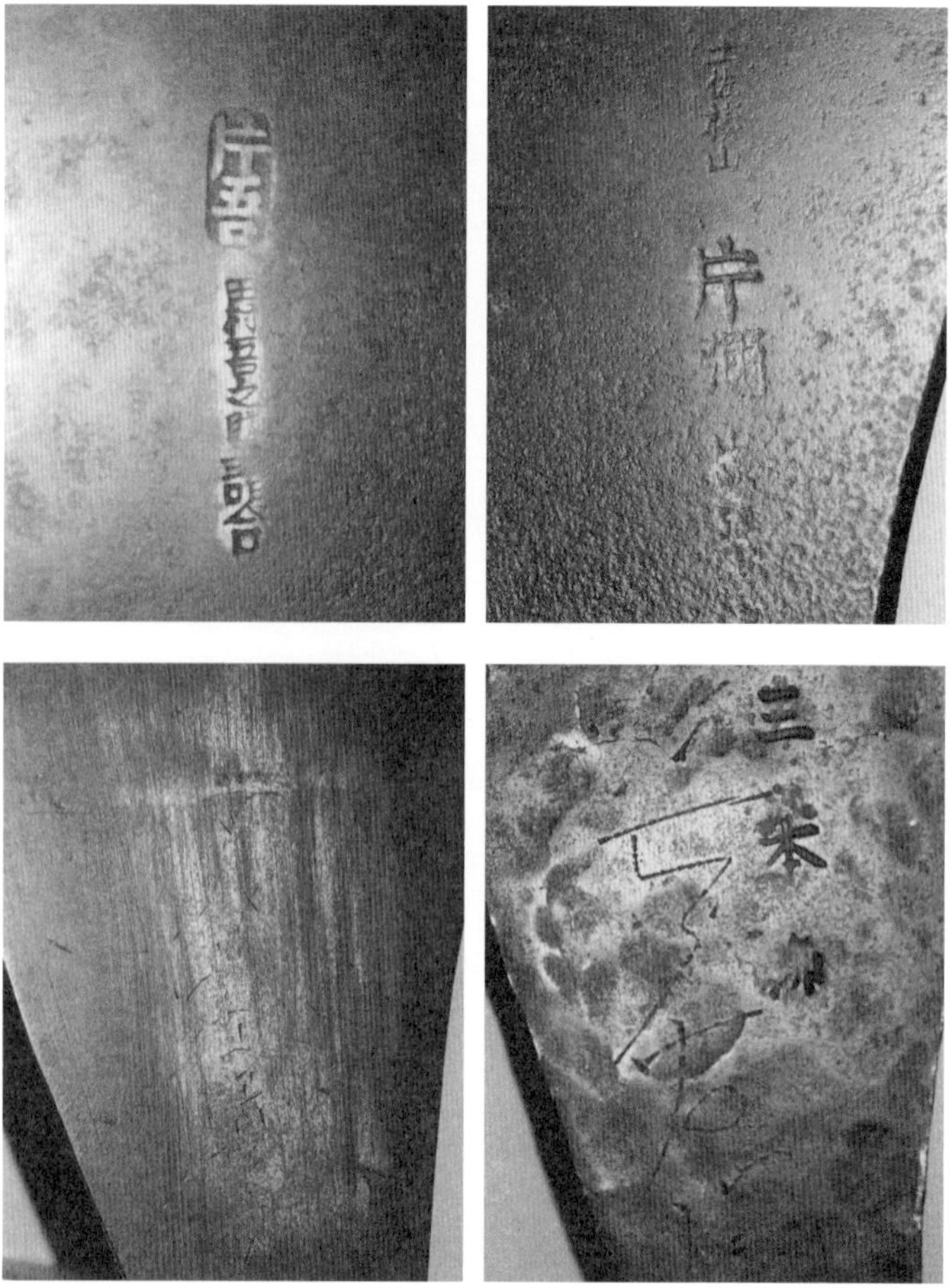

木挽鋸の銘

上２点は刻印銘で各々「片」の字が入っている。典型的な土佐銘のもの。下左は近江の「八里平右ヱ門」（読み取りづらいが）のタガネ鋸。下右も近江の鋸。タガネ銘の右に「三本柳」と刻印銘が読める。「鋸は江州三本柳」と俚謡にある。

いずれも大豊町立民俗資料館所蔵。2008 年 10 月

が、ある程度までは可能である。とはいえ、たとえば鍬には鍬に応じての鎌には鎌に応じての
こうした様式の読み取りの方法がある。
鋸歯の目立て状態からの読み取りについては、鋸を使いこなしみずから目立てをする技術をもつ者でなければ、こまやかな判断は困難だろう。目立ては材を切る直前に行うものであり、博物館や農家の納屋で目にする鋸は、使われ消耗したあとの歯の形状のものになる。それでもその目立てが針葉樹に対してのものなのか、広葉樹に対してのものなのかというレベルについてであれば、ある程度までは素人でも判別はできよう。
ひとつの地域の民具を、収集段階での収集者の先入観や選別を極力排除して集めうる限り集めてみると、つまり極力ありのままの形で――「これはもう三つも集まっているからいいよ」とか「これは付属品だからいらないよ」といった選別は行わずに――群として見ていくと、何がどれほどどのような形で集まってきたのかということと同様に、何は集まってこないのか、集まりが薄いのかということも大きな意味をもつようになってくる。そこにモノ（ここでは文化情報・技術情報としての民具をこう表現しておきたい）が語り出す世界があらわれる。そのことを、針の先で突いたほどのたとえを通してではあるのだが――そうしてやや強引でもあるのだが――まず、述べてみたかった。

4

前述した古老の言は、眼の前にある鋸の一丁一丁に対応した内容のものになる。けれどもそうした情報を多く積み重ねていくと、そこには群としての鋸を通しての、その地の山仕事の一端が明確にあらわれてくる。

たとえばその地において木挽仕事がもとから地元の稼ぎとしてあったのか、それともほかからの出稼ぎの山師と山職人の手で担われてきたものか、そうだとしてもやがて地元の人々がその技術を覚え、出稼ぎ職人から主導権を奪っていったのか、それとも多くが単にその出稼ぎ職人の下働き的なレベルで終わるにいたったのか――私が関わった地域はこの最後のケースだったようである。そうして、職人集団としての彼等の技量はどれほどのものだったのか。

一片の文書がなくとも、道具はその土地の山仕事の性格や山と人との関わりの一面を語りはじめる。仮に文書資料が残っていたとしても、文書資料の示す山仕事のありかたと道具の語っているそれとは必ずしも同じではないかもしれない。だとすれば逆にモノの視座から文書資料の位置づけを示すことも可能になろう。

鋸というありふれた道具をたとえに挙げたが、ありふれている故に重要なひとつひとつの道具が何を語っているのか、またそれらの相互の関係性はどのように見えてくるのか。ある地域の民具を、まずその一点一点の声を聞き、それを群の中で把握していくこと、換言すればそこにあらわれる関係性を探ろうとすること。それが、モノをモノとしてみていく視点の可能性のひとつになる。

木挽鋸の記述でふれたようなその道具についてのいわば一般的な「由緒来歴」、つまり前もってわかっているデータのみでその説明を行うのであれば、目の前にあるその民具は基本的に文献資料の添えものの域をほとんど出ない。

研究者に突然目隠しをして連れ出し、どこかの民俗資料館の中で目隠しをとる。彼のまわりには何万点もの民具が置かれている。「ここがどこかは教えない、それに何々県何々市というのはモノにとっては所詮符丁にすぎない。さぁこの場でここにある民具だけを見てこの土地の文化の性格を、歴史を、環境を語ってもらおう」、そんな問いにどこまでどのように答えうるのか。これまた極端なたとえ話にすれば、そんな方向性に向けて、このアプローチははじまる。

これまでの日本の民俗学が、モノを扱ってこなかったということではない。けれどもモノをモノとして探っていこうとする視点は、稀薄であったといってよい。だから宮本常一は民俗学から切り離し、民具学としてその方法論の確立を目指そうとした。とはいえ、これまで述べてきたことが宮本の民具論の総体というわけではない。あくまで彼から教えを受けた者のひとりとして、私の容量に応じて宮本の目ざした民具論の方向性の一端でも示すことができるだろうか、と思いつつ稿を書いているにすぎない。

宮本の民具論は、民具を群としてみていくことをひとつの前提としていた。そしてその個々の形状や機能を通して、群のなかに潜む体系をとらえようとしていたように思う。それは試行の手のうちを示しつつ力強くその方向性を打ち出すことに重きをおいた分、論としては粗削りな一面をもっていた。自分の持ち時間はあまりにも少ない、晩年の宮本常一はしばしば周囲にそう語っていた。

しかしだからといってこの民具の方法論確立に関して、その荒削りさを単に急ぎすぎたということのみに帰すこともない。彼はなによりも未開の荒野に鍬を打ちこんでいくこと自体を楽しんでいたのだから。宮本の本領は「仕上げ」や「研磨」にはなかった。彼は本質的には問題提起の人だったように思う。問題提起者という存在は、時代とともに色あせてくる一面をもつ。しかし彼のアイデアの方向性は今も力強い。だから私は魅かれざるをえない。それは、ラディカルという言葉の意味の検証を常に誘っているからである。

5

彼の民具研究の方法論確立に向ける姿勢は、時に戦闘的といっていいほど激しかった。民具研究の全国的な組織である日本民具学会の設立が強く提唱され、その創設をみたのは一九七四年のことになる。たしかその二回目の大会、國學院大学久我山高校でのことである（注5）。宮本は民具の分類について自らが考案した機能分類——人の行為を二〇の動詞に分類して民具を考察する方法、これについては後述——について話していた。会場から質問の挙手があり、ひとりの若い研究者が「その分類ははたしてどこまで有効なのか」と尋ねた。

宮本は、調査し作成した五万点ほどの民具資料をこの方法で分類し、さまざまなことに気づかされた、といった趣旨のことを述べた後、「あなたはどんな分類でどのように民具データを整理し、私の方法にどんな疑問を感じたうえでの質問なのか」、逆に相手を見据え、そう問い返した。

「いいえ、特にやっていません。ただ漠然とそう思っただけです。」

若い質問者はそう答えた。

「やってみてから言ってください。今は少しでも研究を先に進めたいんです。」

宮本は強い口調でそう返した。はたで聞いていて質問者がかわいそうになるほどの応じ方であった。それは宮本の研究に対する姿勢や熱意がそのままあらわれた光景だったが、同時にまた「動かずに能書きをこねている人を相手にしている暇はないんだ。自分も民具も」そんな声を聞いたような気もした。

私は似たような光景をその一年前、第一回目の民具学会の分科会でも目にしていた。新しい学会の最初の集まりということで、そして小部屋に別れての夜の分科会ということで、その場にはどこか昂ぶった雰囲気があった。ある若い研究者が、

「暮らしのなかで民具は急速に消滅していっている。こうした研究組織をたちあげても、民具の消滅がすすむことと民具研究の進捗とは反比例の関係になっていくのではないか。」

そう発言した。すぐに宮本が応じた。

「もしそれが本当に滅んでいくものであれば、そのことはやむをえないだろう。しかしたとえその場合でもデータとそれに基づく方法論さえ残すことができれば、のちの時代に向けてそれは有効な力をもつ。」

そう極論で応じていたが、「やらずに眺めるだけで利いたふうなコメントを出すひまがあったら一センチでも先に動いてみたらどうなんだ」、私にはそんな風に聞こえてしかたがなかった。

6

話をもとに戻したい。

ある地域で使われた民具をえり好みをせずに何千点、何万点と収集していくと、その群そのものがそこで暮らしをたててきた人たちのエネルギーの迫力を伝えるとともに、個々のモノがその土地の性格を多彩に語りはじめてくれ、それらの声はひとつの構造として立ち上がってくる。そこでは人がその語る声を聞きうるだけの聴力をもとうとしているか否かだけが問題となる。

自分の父親、祖父の世代が、あるいはそれ以前の世代が、日常生活の中でどのような問題を背負い、それをどのように解決し、もしくは解決できずにどう引きずって生きてきたのか――モノの語る声というものを、その地の人々を主体として表現すればそうしたことになろう。これは、さてそれであなた方はこの土地でこれからどのように生きていくのか、という問いと表裏一体のものでもある。その点にこそ、その土地において土地の人たちが主体となって民具を収集保存していく大きな理由がある。

地方に残り第一次産業に従事している若い人のなかには、みずからその道を選びとった人もいるだろうが、残らざるをえないために残っている人もまた少なからずいるはずである。たとえばその場が山村であれば、彼は日本の林業行政の矛盾の凝縮された断片をそのままその背に負っていることになる。彼にとっては、今とこれからをどう考えていけばいいのか、その問いにかかわる「過去」のみが、切実で必然性のある「過去」として浮き彫りにされていく。民具の収集、保存は、そうした場での思索の資料としても把握、活用されるべきであり、収集保存作業も研究作業も、その手段としてのレベルに達しうることにひとつの指針を置いていいように思う。

と書いてくれれば、これは地域の現実を考えると、少し甘い認識になるのかもしれない。しかし、なぜ地域で民具をうんざりするほど集めるのかという問いはそこから始めるしかないのではなかろうか。

手段としてのレベルに達するとは、たとえばこれまでその山間に生きてきた人々の生活文化の限界や可能性、またそれらを通して見えてくる問題点を、モノがモノとして、その土地の現代の当事者に明確に語りうることを指している。彼を取り巻く当面の状況が過酷でもそこから始めざるをえないとすれば、変容にどう対処するかを考える前に、変容とは何を意味するものなのかを改めて把握する必要があるように思う。

宮本は郷里の東和町（現周防大島町の一部）で若い人たちにはたらきかけ、二万点以上の民具を集めさせている。そしてこう語る。

「あれだけ集めてみると、東和町という町の性格が実にはっきりと出てくるわけです。驚くほどはっきりでてきています。そのはっきりでてきておるのが、今の我々の日常生活にそのままつながっているからびっくりするわけです。集めるまではわからなかった。集めてみまして、例えば短床犂はでてくるのですが、長式の二段犂なんてのはでてこないのです。そこでピタッと止まっているのです。みんなワッとそこへゆく、その以前のもない、それだけなんです。古いものはみんなこわして、それ一色なんです。そういう一色になるような性格は、こんどは山を全部みかんにしてしまいました。それと同じことを今皆がしている。誰かそれを乗りこえて新しいものをつくるというのは、なかなか容易に生まれないんです。

農具を見てみますと、東和町の農具はそのまま東和町の人間の性格を如実にものがたってくれているんです。それをこれから破らなくては、いい町はつくれないんだという感じが私はするのです。」（注6）

と、その民具群を通してあらわれてくる地域の問題を、現在の東和町がそのまま背負っていることを郷里の人たちに指摘している。これはその地域のなかでどのように生きていったらいいのかについての、具体的な次元での「実業」の世界の人たちへの問いかけだった。そしてその前提として、またその延長線上に次の言葉がある。

「過去は過去でなく、そのまま現在である。現在の我々の中にあるもの、そこから過去がどのようになっているかをみいだすこと、それが本当の歴史です。」

「古い時期から瀬戸内海へ住んでいる人々は自主性というものをもたなかった。ここでどうしたら生活がたつかを考えていく中からほんとうの自主性がでてくる。」

「問題を島の中で解決しようとしないで島の外へ持って行けば、それでことがすむと思っている。長い間、我々の体にしみこんできた劣等感だと思えます。」

私がこの文章を引用したのは、この頃の宮本がこうつぶやいていたことを今でも覚えているからである——「いやあ驚いたなあ、東和町の民具、あそこまで古い生活をきれいに消し去るもんかなあ。そしてわっとひとつの方向に行く。尻馬にのってるうちは生活に豊かさをもてない。主体性を抜きにしては文化は伝わっていかんじゃろが。主体性ってのがなんなのか、一回きちんとみんなで考えてみんとなあ。」

こうした島の問題について宮本が端的にその考えを述べたものとして『郷土の歴史とは何か——東和町・郷土大学講義録——』（注6参照）があげられよう。そしてここに潜む問題は本書の最終章でふれる「旅稼ぎ」とリンクもしている。

なお、前述の引用文中にでてきた「短床犂」とは、近代になって改良、発案された犂を指し

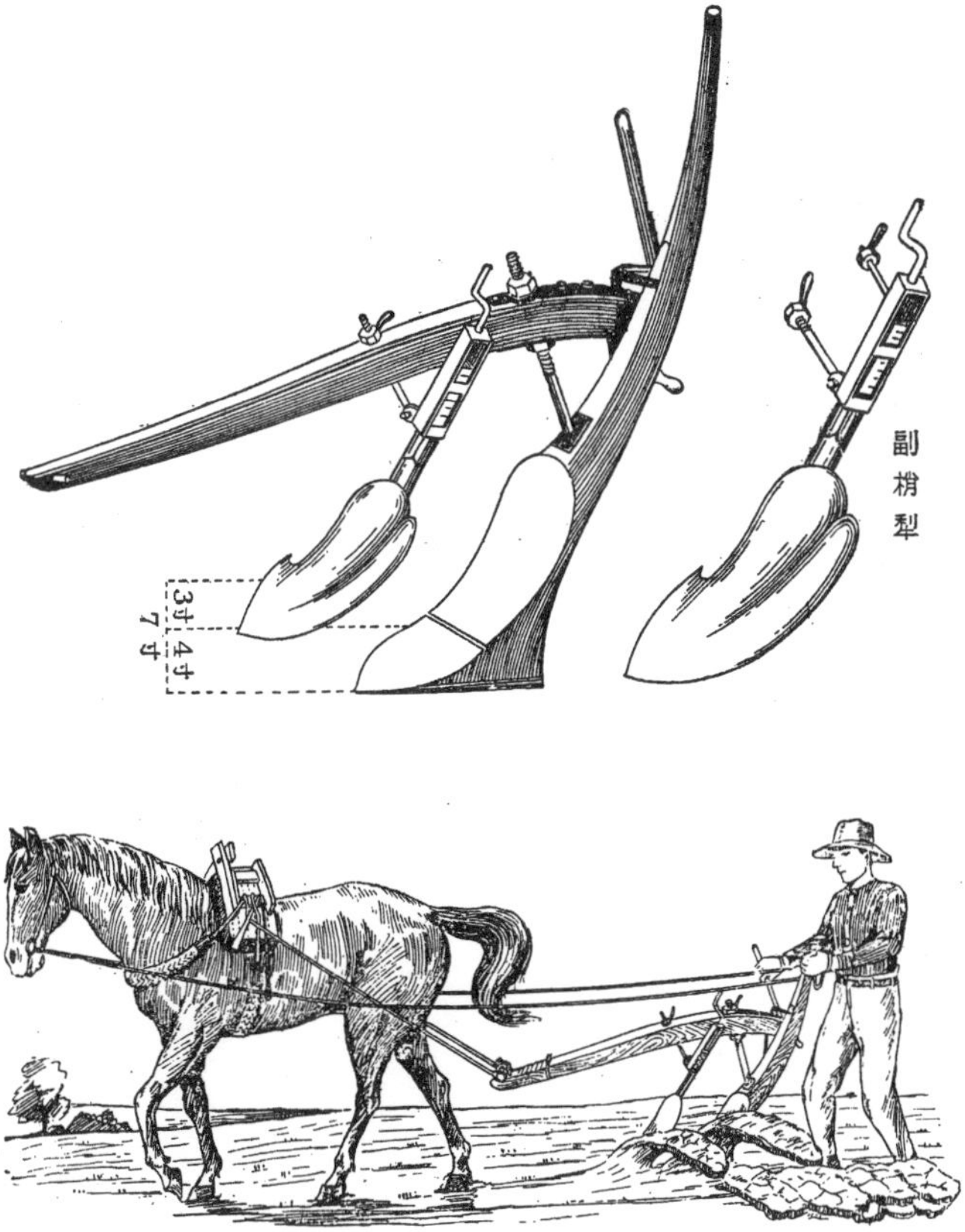

二段犂
犂先が二連そなわっており、よりこまやかな耕起ができる。
森周六『日本農業全書5　犂と犂耕法』(日本評論社、1937年)より。

ている。この短床犂の出現以降、犂の改良とその普及はめざましく、またこまやかにすすんだ。「長式の二段犂」とはさらに発展したタイプの犂の一例で、福岡県の長末吉という人が製作した犂先をふたつそなえた犂を指している（八五ページ参照）。つまり、ここではひとつの改良農具の新しい波を受け取っても、その後の動きに対してさらに踏み込んだ取捨選択などをせず無関心であったたとえとして挙げられている（注7）。

そしてここでふれた宮本の視点は、土地の民具をえり好みせず、先入観をもたずに集めるだけ集めるという姿勢を前提にしてこそ成り立つものになる。宮本はそうした方針での民具の収集をさまざまな地域でおし進め、協力を惜しまなかった。「つまみ食いみたいな収集じゃだめだ」、よくそういっていた。

それにはいくつかの理由があった。まずひとつには、地域がそれだけ多くの民具を集めるためには、結果として老若男女すべての人たちが、ひとつの意志のもとになんらかの形で関わり、動くことになる。つまり地域運動を起こすことになる。きわめて類型的なもの言いになるのだが、民具の使い方、作り方を熟知しているのはその地のお年寄りであり、家の納屋のどこにどんなガラクタが眠っているのかはその家の主婦が把握していることが多い。それらを集めるための腕力、機動力は若い世代が担当せねばならないし、民具の整理、手入れにはこまやかな目配りの利く労働力も必要となる。地域の人たちがそれぞれの立場に応じて、知恵や手間を出せる作業がそこにあり、それらのどれかが欠けるとこの運動はどこかで滞る。どれもが動きだすと相乗効果も生まれる。私はそうした動きをいくつもの地域で目のあたりにした（注8）。

私が知っているかぎり、宮本に煽られてそのような運動の経験をもつ自治体は軽く一〇を越す。ひとつの地域で悉皆的に一万点ほども民具を集めてみれば、その中には国の有形民俗文化財に認定されるだけの体系的な民具群が自然と含まれてくることが多い。宮本はすぐに文化庁の調査技官に連絡をとり、国の指定の手続きにむけてのサポートに動いた。その当時は国の指定を受けると、その自治体では、そのコレクションを収蔵する建物の建造費の五割までを国庫の補助に頼ることができた。国が五割を負担すると、多くの県では残りの五割、つまり二割五分を負担した。その自治体自体は実質負担は四分の一ほどで後世に残す有形文化財の社会教育施設をそこにつくることができた。

宮本はこうした実務的な戦略も頭においていたのだが、しかしこの場合でもその戦略の本質は、地元の人たちがガラクタと思っていたものに対して、国が本気になって対応するだけの価値があるということを地元の人たちが驚きをもって受け入れ、自分たちの生活に自信をもっていくことにあった。

「地域開発ってそこから始まるもんじゃろ。ならこれは一番金のかからん地域開発じゃないかい。」

そのようにしてできた民俗資料館はいくつもある。私自身もそうした地域運動に五つほどの土地で関わった。ただ、その後のそうした民俗資料館の歩みはけっして明るいものばかりではない。それはまた別の問題になってくる。この文はあくまで私のスタンスで宮本の民具論をなぞってみることが本意であるため、それについてここではふれない。

7

さて、では宮本の指し示した研究の方向性は、現在の都市のさまざまな生活用具群に対してはどのような形で有効なのだろうか。

宮本は民具を水田、畑作、山仕事といったカテゴリーで分類せず、「一地区あるいは一軒の家における民具の総量を見、さらに項目別の比率を見ていくことによって文化のパターンをつかむことができるのではないかと考えて」人間の動作を二〇に分類し、それをもとに把握しようとした(注9)。動詞は他の品詞に比べて普遍性の高い性格をもっており、動作に基づく宮本のこの分類は、海外の物質文化との比較にも目配りをしようとしたものでもあった。

その二〇のグループとは、

1 捕る(漁猟用具) 2 飼う(畜産用具) 3 飼う(養蚕用具) 4 耕す(農耕用具)

5 こなす（脱穀調整・食料加工用具）　6 かしぐ（煮焼蒸用具）
7 食べる（食料調理・食用具）　8 蓄える（容器・包装用具）　9 運ぶ（運搬用具）
10 住まう（住用具）　11 ともす・あたためる（灯火・暖房用具）　12 身につける（着用具）
13 よそおう（容姿用具）　14 紡ぐ・染める・織る（紡織用具）　15 切る（切截用具）
16 つくる（加工用具）　17 計る（計測用具）　18 伝える（意志伝達用具）
19 遊ぶ・楽しむ（玩具・遊戯・娯楽用具）　20 祈る・まじなう（信仰・呪術用具）

の以上になる（注10）。

たとえば草刈鎌は収穫作業と除草作業に多く使われるのだが、ここではそうした作業をカテゴライズした——たとえば「収穫用具」「除草用具」といった概念での分類枠——受け皿はない。草刈鎌は15の「切る」というグループにいれる。何のために切るのかは問わず、ただ切るという機能の一点において分類する。きわめてドライである。ドライではあるが、しかし一覧してわかるように、ここに並んでいるのは必ずしも同次元的な動詞ばかりではない。ある種の便宜性をもって性格づけして揃えた面もみられる。宮本自身も「二〇に分類したのはパーセンテージが出しやすいからで、少々無理な分類になってはいる」と述べている（注11）。たとえば16に「つくる」という受け皿がある。「つくる」行為中には15の「切る」行為も含まれることがあるのではないかとの疑問はすぐに出てこよう。

例をあげれば、大工道具がセットになって出てきた場合は16の「加工用具」に分類するのだが、しかしそれらのほとんどが散逸し、たとえば鋸二丁、切り出し三丁しか見つからなかった場合、それらはかつて大工道具の一部を成していたとしても、宮本は15の「切截用具」に入れていた。つまり前述した「つくる」とは、いわば総合的作業の意味を含ませたものになる。また祭りの日のみに出して使う提灯は、11の「灯火用具」ではなく、20の「信仰・呪術用具」に分類していた。このように現実に民具群と向き合ってみると、この分類発想では処理しにくい、あるいは迷いやすい問題も少なからず生じる。実際の民具の調査カードをもとにこの分類作業をおこなう際は、さらにこまかなマニュアルが必要になる。

こうした一面の割り切れなさ――手探りでその運用を整えていく要素――をもつひとつの理由は、あくまでこれが様々なフィールドにおいて記録化した民具資料の分類を前提にしており、地域の博物館に収集されている民俗資料を整理するための手だてでないことにもよる。

宮本がこうした発想で民具を見ようとしたのは、武蔵野美術大学に赴任し学生に有形文化を通じての調査をさせようとしてからのことになるという（注12）。

その民具調査は四、五人でひとつのチームをつくり、農家を訪ね、まず納屋の民具から見せていただく。ひとりは写真をとり、ひとりは台帳に実測図を描き――実測といってもラフなものなのだが――、ひとりは聞き取りを行い、ほかの者は調査民具の搬出収納、ホコリはたきなどを分担し、折をみて交代しながらチームプレーですすめていく。こうして一日に七〇点から一〇〇点余りの民具が記録できる。次の日はまた別の農家で調査をお願いする。こうしてひとつの集落で一週間ほど調査を行うと、一〇〇〇点前後のその地の民具の記録資料が集まることになる。調査が終わると、その台帳を整理し写真カードをつくる。台帳は家ごとにとじて固定し、写真カードは自由に組みかえができるようバラしてつくる。このカードをもとに分類してその地の民具の特色を探っていくことになる。その際の分析の武器として使うのが前述した機能分類になる。調査から帰ってのこうした資料づくりの作業は野外調査の三倍から五倍ほどの時間と手間を要していた。

8

分類項目の表は、それをながめるだけで対象を総体としてどう把握したいのかを語ってくれる思索的な表現物でもあるのだが、しかし本来はある目的をもっての分析の手段として使われるものであり、分類それ自身を目的としているわけではない。そのため、宮本の分類は実際にこれを利用せずに項目の羅列に目を通す限りでは、その有効度については伝わりにくいし、またどことなくリアリティのない発想表現に見えるかもしれないのだが、私の経験では野外調査で利用してみてこれほど役に立つ分類法はなかった。少なくとも気づきにくかった問題を実に明確に気づかせてくれる力をもっているように思う。これは単に農家や漁家の民具調査においてはもとより、そうした家々と都市の一般家庭の生活用品とを比較する場合でも、問題をきわめてわかりやすくしてくれる性格をもっている。ただ現在、前述したような悉皆的な調査自体がほとんど行われていないように思う。そして宮本常一を中心として行われた調査の五万点を超す民具資料は、武蔵野美術大学の民俗収蔵庫のどこかに眠っているはずである。

宮本のこの分類発想は、基本的には生産生活の現場を前提に想定されている。本章の冒頭で木挽鋸の例を通して述べた「切実さ」に大きく拠っている。たとえば、素材の限界に迫るほど機能を切実に反映させた道具の形状、家の資力や姿勢や労働力を切実に反映させたその所有民具の種類と量。そしてそれらを通して明確に姿をあらわしてくる地域の生産生活や流通のあり方、その可能性や限界性など。であるだけに、現在の都市での生活用品そのもの――かつての消費の概念をはるかに超える形の消費活動ゆえに強くあらわれてくる文化現象――を対象にしようとすると、その有効性は低くなるように思う。

現代の消費活動の場では、おそらく人は豊かさを演出するものを揃えることによってその豊かさに方向づけをし、確認しようとする。豊かさの演出物の崩壊や消失は必ずしも豊かさ自体の崩壊や消失とはならない。しかし豊かさの演出そのもののなかに潜んでいる豊かさも、また強く存在する。そこには宮本の分類発想は届きにくい。そこでは「切実さ」は見えにくくなる。しかし暮らしのなかから「切実さ」そのものが消え去ったわけではない。人は己の内にある切実さの漠然とした存在を意識し、しかしそれを掴み得ない不安をこそ切実に感じているようにも思える。おそらく生とは、そうした切実さと背中合わせに存在するものだろう。「消費」が生み出した象徴世界を探ろうとするとき、生産生活に基盤をおいた分類発想のみでは限界があるように思う。

ただ私自身はいましばらく宮本の提起した「方法」にこだわり、その咀嚼を試みたいと思う。それを迂回して進む気にはなれない。あの時――さまざまな「あの時」――に宮本から受けたインパクトの正体をもう少し確認してみたいからである。

宮本の民具に対する定義の狭さ、固さに対する批判は少なくない。また宮本自身、自分の民具の定義からはずれる生活用具について無関心だったわけでもない。しかし「方法」を立ち上げるためには対象を限定しなければならない。これはそこで切り離したものに興味がないということではない。どこに本質をおいての「方法」なのか、どこに基を据えての文化論であるのかを明確にするための必然的な手続きにほかならず、あとは作業を積み重ねていくことで視界の手ごたえを確認していくことになるのだろう。今から振り返って、それを私なりにトレースしてみたいだけのことである。

「おい、「試行錯誤」ってやつの失敗ってなんだかわかるかい」、あるとき宮本はそう言ったことがある。「なぁーんにもせんこっちゃ」とひとこと。そしてそのあと、ニヤッと笑った。

9

最後にひとつ蛇足ながらつけたしをしておきたい。

民具の収集、保存を手段とした地域運動についてこの章でふれた。私自身もそのようにした地域と付き合い、民俗資料館をつくり、収集民具を国の指定にまでもっていったことがある(注13)。一三年ほどかかったただろうか。一九七〇年に三〇〇点余りだった民具は、その収集、保存が地域運動として根づくにつれ、七二年には一四〇〇点、七四年には二八〇〇点、七六年には五〇〇〇点、七八年には八〇〇〇点と増えていき八一年には一万点を超え、八三年にはそのうちの三〇〇〇点弱が国の指定を受けた。この章の冒頭で述べた四国山中でのことは、そこでの作業のひとつの思い出になる。

私はその土地に、多い年は通算して二か月以上は入っていた。ひとつの地域とつかず離れず一〇年余りつきあい続けるのは疲れることだった。あれは二〇代だからできたことのように思う。ことに国の指定をうけるために、当時は手続きの上で、その指定民具の一点一点について詳細で正確な図面をつくることが求められていた。私は即席の作業チームをつくりその作業をすすめたが、これに要する手間だけでも馬鹿にならなかった。

私がそうした作業のしんどさにアゴを出しかけていたそんなある日、私は寺へのぼる石段をゆっくりとあがっていた。一万点を超す民具は、この寺院が中心になって集めたものであり、民俗資料館もその寺の境内にあった。私も寺に宿泊させてもらっていた。

のぼっていく石段の左手に畑があり、そこでひとりの老人が鍬をさくっていた。私がしばしば民具についての聞き書きにうかがう明治三十年（一八九七）生まれの古老であり、寺のすぐそばに彼の家があった。その屋号をヒガシといった。これは一六世紀末のこの土地の検地帳に出てくる屋敷名であり、もちろんその寺もその検地帳に記載されている。この寺自体は千二百年の歴史をもち、かつては現在の本堂を中心としてその周囲にいくつもの宿坊があったといわれている古刹である。ヒガシという呼称自体もかつての宿坊の名ごりではないかと言われているが、その古老の家筋は彼で八代目であるという。その畑は先祖代々の土地だというから、その家の人は少なくとも二百年以上にわたって寺の横の畑で鍬をふるってきたのであろう。

その古老は鍬の手を休め、顔をあげて私にこういった。

「わしがほん若い頃のことじゃ。この畑でサラエ（この場合大きな四つ鍬）で麦畑を打ちよったんじゃ。そしたらよそから寺にお参りに来た人が足をとめて「麦を打ちよりますか。私

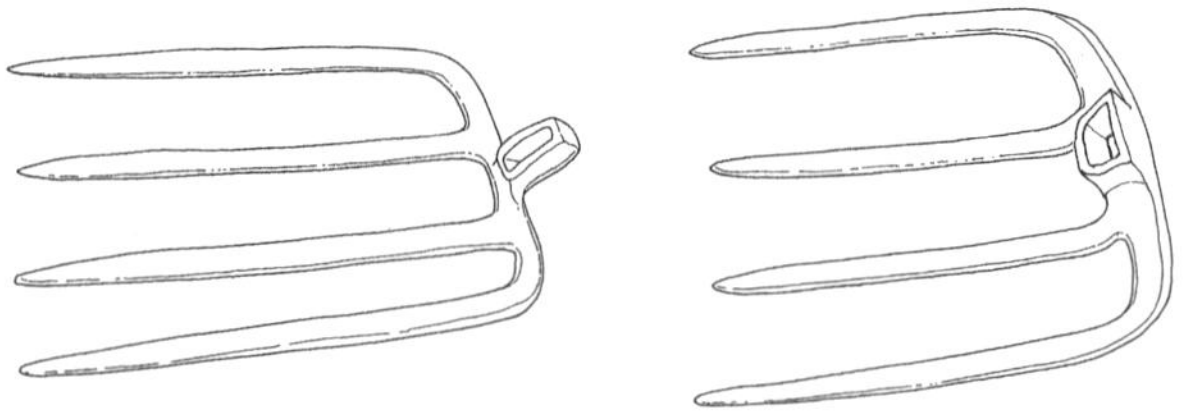

二種類のサラエ
左がヒツの出ているタイプ、右はヒツがおさまっているタイプ。

はどこそこの者じゃが、私らのところではその四つ鍬のヒツ（鍬柄をさしこむ部分　上図参照）が出てないのがはやっとります」と言うたんよ。わしらの若い頃、この辺のヨツゴのサラエはヒツが上に出たものばっかりやったんじゃ。聞いてみりゃ、ヒツが中に入っとる方が打ちこんでも揺れんし、軽うもあるわな。ヒツが出とりゃガンと打ち込んでも土の中に立ちにくい。ヒツが出とる分、鍬の頭が振るうたわな。隣近所で「今来た人がこうこう話したぜ」「そりゃええこと聞いたの。そやけどこの辺の鍛冶屋にゃその腕はないわの」と言いおうとったんです。そう言いよったりゃ、じき出来た。山田（刃物産地　現香美市）で修行して帰ってきた鍛冶屋さんじゃ。早速注文したんですら。」

古老のこの言葉を私はこの地の農具のあゆみを述べた書のなかで紹介したことがある。しかしそのあと続いて、彼はこんなことを話した。

「一〇年ばあ前じゃっつろうか、わしがここで柚《ゆ》の木《き》（ユズ）を仕立てよったりゃ、お寺さんに来たよその人が「ユズを仕立てよりますか。うちらのほうでは枝のもう少し下のほうから葉を切ってやります」。大根に土をかぶせよったりゃ、また寺に来たほかの人が通りかけて、その土地の大根のつくり方を話す。わしゃ隣の畑におった爺と言いおうたもんよ。「はぁ、ここにおったら百姓は馬鹿でもできるが。みいな通る人が教えてくれらあよ。」」

彼は大きな声で笑った。その哄笑を聞くと、肩の力が抜け、アゴを出すほどに感じていた私の疲れもどこか馬鹿馬鹿しいほど軽くなったものである。どうであれ私も寺を通過していく旅びとのうちのひとりにすぎない。

この寺は常に人の出入りが絶えない寺だったのである。私が通いはじめた頃、宮城県の寺から若い僧が修行に来ていたし、諸国行脚の僧が半年ほど草鞋を脱いでいた。さらには日曜学校や書道教室を開き、またユースホステルも経営していて、ユースホステルのヘルパーとして学生の出入りも多かった。若い副住職さんは、海を見たことのない山の子のために揃いの赤褌で彼等を海へつれて行き、水泳教室を行っていたこともある。寺の宗教的な行事や集まりとは別に、この石段を毎年万を超える人たちがのぼりくだりしていたのである。

さらに彼は言った。

「死んだじいさんが言いよった。「寺とはいつも蜂の巣をつついたように人が出入りするもんじゃ。寺とはそういうもんじゃ。」そうむかしから伝え言いよったもんじゃと。」

自分の小ささを知ることは、時には快感になる。

注

1　稼ぎが人並みすぐれた木挽も少なからずいた。昭和二十六年、この章の冒頭でふれた四国山中で役場の初任給が二七〇〇円の時代、一日一〇〇〇円を稼ぐ木挽職人もいた（『土佐打刃物――伝統的工芸品産地指定にともなうプロセスと活動報告――』高知県土佐刃物連合協同組合、二〇〇四年、参照）。しかしこの地で山師のもとで働く木挽職人の半ば以上は、そう豊かな生活をおくっていなかったこともたしかである。

2　一例として村松貞次郎『大工道具の歴史』（岩波書店、一九七三年）「第2章　ノコギリ」参照。

3　近江の木挽鋸については『近江甲賀の前挽鋸』（滋賀県甲賀郡甲南町教育委員会、二〇〇三年）参照。

4　大まかな表現になるのだが、グラインダーでは和鋼は火花がより分散し、洋鋼は火花が分かれず一筋の線になる。こうしたことについてはＤＶＤ「火花試験写真」（兵庫県立工業技術センター・機械金属工業技術センター、山本科学工具研究社）のデータに詳しい。

5　これは昭和五十年十一月二三、二四日にひらかれた（財）日本常民文化研究所主催の第二回民具研究講座。この前年、一回目の講座で日本民具学会設立が決議されている。宮本はこの第二回目の講座の一日目、二三日の午後に「民具の分類」と題して発表。

6　宮本常一『郷土の歴史とは何か――東和町・郷土大学講義録――』（山崎禅雄編、東和町、一九八九年）の第一回目の講義より。このあとの引用文も同書から。

7　前掲書（注6）の原文では「長式の二段犂」は「長床犂の二段犂」となっているが、これは概念的に矛盾しており（長床犂は在来犂の一種であり、二段犂は近代になって考案されたもの）、また東和町現地での収集品を確認する限りにおいても誤記であると判断できるため、本書では「長床犂」を「長式」と表記した。

8　一例として山口県大島郡久賀町（現周防大島町）での動き。これについては『あるくみるきく』№83特集町衆の町――周防大島郡久賀町（日本観光文化研究所、一九七四年一月）参照。

9　宮本常一『民具学の提唱』未來社、一九七九年、一六八ページ。

10　前掲書、「四　民具の分類」参照。なお本文では、これに宮本からの指導を受けたときのメモの内容をあわせて表記している。

11　『宮本常一著作集45　民具学試論』、未來社、二〇〇五年、三三八ページ。

12　前掲書、六二ページ。

13　香月洋一郎「大豊町立民俗資料館覚書―ひとつの前史として―」『豊永郷文化通信』1（定福寺豊永郷民俗資料保存会刊、二〇〇九年）所収。

覚え書き　その2

「青い空と白い翼」

——振り返って始めにもどる——

東シナ海にて　2000年7月

1

私は一九六九年の春と夏に計一か月ほど、沖縄本島とすぐその西にうかぶ伊江島を歩きました。実はそのときの旅は民俗学への興味からではありません。父親の世代の戦争体験というものをもう少し明確に知りたいと思ってのことでした。ただ、このとき私はリュックの中に宮本常一の本を一冊入れていました。これは別に民俗学への興味からではなかったのですが、結局このことが、彼が亡くなる前の一二、三年間、その教えを受けるきっかけになりました。

私は一九四九年の生まれで、親の世代は何らかの形で戦争体験をもち、教えをうけた小学校から大学までの先生方のなかにも、同様の体験をもった方々が少なくありませんでした。子どものころの私には、そういう方たちは何か妙な人たち、妙な一面をもった人たちという印象で映っていました――もちろんこうした表現は今の私が当時を振り返ってその印象を言葉にしたものになります。たぶん当時の印象をそのまま書こうとすれば、ささやかなそして漠然とした疑問符の「?」になるのでしょう。

彼らは、体験した戦争についてきちんと話さない。しかしなにか話したいことがあるようにも見える。だからといって尋ねてみるとどこか韜晦《とうかい》するような素振りをみせる。しかしなにかの折にはふっと、時には唐突に、ひとことふたこと口を開く。そのときちらっと見えるものは、ふだんとは違ったその人みたいで、頭の中に「なんだ、あれは」という疑問符が浮かんでいました。だけど子供ですからそんなわけのわからないものなぞすぐに棚上げして遊びまわっていました。しかしまた大人たちの同類のふるまいにぶつかると、棚上げしていた「？」を思い出していました。

私の父親は学徒出陣で海軍に入り、飛行機に乗っていました。特攻隊要員です。仲の良い友達はほとんど死に、自分は生き残っています。自分の身代わりになって友達は皆死んだという贖罪《しょくざい》意識、あるいは自身の存在そのものへの原罪的な意識と、生き残ったのはなぜ自分なのだろうという根源的な疑問をずっとかかえていたように思います。それを外にむかってなかなかきちんと話すことはできず、話そうともせず、時にはむしろ亡くなった友人たちとの対話をもっとも大切にしているように見えました。でもそれを何かの形で表現しておきたいという気持ももっていて、どこか模索しているというか、揺れていたようにも思います。

私が一番仲が良かった幼なじみの父親は、インパール作戦に従軍した下士官でした。インパール作戦というものがどんなにひどい作戦であったかはここではふれませんが、日本軍の上層部のずさんな計画で、敵と戦っての死者よりも餓死者と病死者が多かったと言われた作戦です。この戦線の退却路は、しばしば「白骨街道」という表現で語られています。

あの戦争から生きて帰った人たちは、戦争のことは話さない。何かのときにはポロッと話すんですが、それをまわりの人間が聞こうとすると、話してもわかることじゃないと口をつぐむ。なにか自分の中に塊《かたまり》をかたくなにもっていた方々だったんです——私が知る限り。

2

私が大学生のとき、ある先生は江戸文学の講義中に井原西鶴の作品にふれ、話の流れで人間の存在のはかなさということに及ぶと、いきなり御自身の幼少時の戦争体験を話されました。

「自分が小学生のころに道を歩いていたら、向こうからアメリカの戦闘機が機銃を撃ってきた。友達と二人で一生懸命走って逃げていたら、前のほうを走っていた友達がいきなりピョンと跳ねて、バタッと倒れてしまった。自分はその友達のそばにかけよるどころか必死になって逃げて、後で戻って来て倒れている友達に近づいて背中を見たら、針でついたくらいの赤い点がポツンとあった。ああこのくらいの傷だったら大丈夫だろうと思ってあお向けにしてみたら、胸に真っ赤な薔薇が咲いたような血と肉のかたまりがあった。そのときから自分は、人の体というのは和紙と竹でできているようなもろいものだと思った。」

江戸文学の話からいきなりそんな話になって、何かこちらに伝えたいという、ある則《のり》を越えたような形の話し方をされたんです。怖くて友達のそばにすぐかけよれなかった幼き日の自分のエゴイズムにも気恥ずかしそうにふれられた。そして、つづけて「あなたたちは知らないだろうが、機銃の弾というのは飛びながら回転している。銃弾ってのは人間の体の中に入ったら、そのスピードが落ち、回転しながらも弾の尻のほうが大きな径の円を描く。だから、弾が入った点は小さくとも、貫通して体から出るときには、そこに赤い薔薇の花が咲くんだ」というふうに話して、すっと元の話の流れに戻りました。このとき子供の頃の「?」を思い出しました。そんななんとも妙な話し方をする方たちがまわりに何人もいたんです。

戦地で苦労した者同士がたまに集まって、もしくはかつての戦友が戦友の家を訪ねたとき――当時子供の私がたまたまそんな場にいて見聞きしたかぎりでは。といっても二、三回にすぎないのですが――デフォルメされたような戦場での冗談話や、その後の各々の生き方をポツリポツリ話して、互いの生を確認するような雰囲気の会話が多かったんです。そして若干の社会批判でもってその場がお開きになる、そんな感じでした。体験を共有したもの同士でも話さないんです。しかしここで私が、体験をもったもの同士だから話さないなどと、なにかわかったような表現をしてしまうと、それはそれで不遜な気がします。まして彼等は体験のない者に対しては、そんなの話してもわからんよというふうな趣で平生応じていましたから。たとえば多少気の利いた子どもがいて、「おじさん、戦争って残酷だってことがよくわかりました」とでも言おうものなら、不機嫌そうにあるいは困ったように、ただ口をつぐんだんじゃないか、そんなふうに思えるんです。あの人たちのそうした態度は、子どもの私にとってはたいへん不可解なものにうつりました。あれは何だろう、という疑問符が私のなかにずっとありました。

もちろん当時から、戦争体験を語り継ごうという動きは社会の中にありました。だから逆に彼らのふるまいや表情が落差をもって私の目に映っていたのだと思います。私のまわりの戦争体験者はそうした社会の動きを否定もしなかったけれど、積極的に関わろうともしなかった。そのころ戦争にかかわる言説はなんらかの形で政治性を帯びていて――そうならざるをえないのでしょうが――彼らは、私が記憶する限りでは、どの方向であれ声高に政治的スローガンを叫ぶこと自体に対して、ある距離を保っているという感じでした。スローガンに収斂されないもの、声高にすると切り落とされてしまうものへのこだわりがあったのだろうか、今振返って言ってみればそんなふうにも言えます。もちろん当時の私の印象はもっと素朴です。声高な反戦運動にたいして「それはそうだよ。でもなあ……」的な――煮えきらないこだわりのような――表情をふっと見たという、それだけのことです。

3

それで大学に入って最初の夏休みにまず広島に行き、そして大学の一年目を終わった春に二週間沖縄に行き、さらにその夏にもう一度二週間ほど歩きました。もう少しながく沖縄にいたかったんですが、それが当時私がアルバイトで稼いで工面できる旅費での旅でした。読谷村《よみたんそん》の米軍基地の近くの高校生の部屋に何日も泊めてもらったり、同村の村会議長さんのお宅を訪ねたり、伊江島《いえじま》で阿波根昌鴻《あはごんしょうこう》氏（伊江島土地を守る会会長）のお宅にうかがったり、伊江島小学校の宿直室に泊めてもらったり、首里高校の生徒に半日近く話を聞いたり、琉球大学の芝生で野宿をしたりしての通算一か月でした。それが沖縄との出会い、かかわりになります。親の世代は戦争体験をきちんと話さなかったけれど、話したい衝動はもっている、それって何だろうという疑問の延長線上にこの沖縄行きがありました。

一九五六年の経済白書に「もはや戦後ではない」というサブタイトルが付けられていたことはよく知られていますが、私の学生のころは、沖縄は戦後が終わったどころか、アメリカの占領体制がずっと続いており、さらにベトナム戦争の兵站基地となっていました。個人が沖縄に渡るには現地での身元引受人を必要としましたし、パスポートもとらなければなりませんでした。通貨はもちろんドルです。

沖縄に着いたときの第一印象を私は明確に覚えています。

そのころ、ふつうの学生が東京にいてふつうに集められる沖縄についての情報は、はっきり二つの色あいに分かれていました。ひとつは沖縄全島がB52の爆音でおおわれ、暮らしている人たちは鉢巻をし目を血走らせて歯をくいしばっているというイメージ。もうひとつは、沖縄舞踊的なイメージ、つまり民俗文化が色濃く伝えられている土地としての沖縄。そのいずれかの立場からのとりあげられかたが圧倒的に多かったんです。

たしか私が春の沖縄の旅から帰って来た翌月から、朝日新聞に「沖縄報告《レポート》」という一か月に二週間くらい続く連載ものがはじまりました。五部構成くらいのボリュームだったように記憶しています（注1）。その頃からある程度、沖縄の暮らしのなかでの基地のありようが総体的な形で伝えられるようになったように記憶しています。

それでまず那覇の港に降りて、那覇の街を歩いたとき、これはもう本当にいまから考えると、とっぽいにいちゃんの感想なんですが、「何だ、ふつうの暮らしがあるんじゃないか」と。「東京では、ふつうの顔をした沖縄の人の姿が出ている本って、ほとんど自分は見なかったんだけれどなあ」というのが、実はそのときの印象なんです。じゃあ、そのふつうの暮らし――一方では基地問題につながり、一方ではまたそうしたなかで伝統文化が生きているふつうの暮らし――って何だろうかということを追求してフォークロアに至ったのであれば、ここでの話に筋がとおるんですが、実はそうではなかった。そんなにすっきりしたものではありませんでした。

そんな道筋でフォークロアに至ったのであれば、私はもっと積極的に沖縄を歩いて民俗調査をすすめてきています。これまで沖縄でフィールド・ワークをする機会は、いく度となくありました。それを受け入れることは、なにかが釈然としなかったんです。このときの沖縄旅行の影響は大きいんです。これは私のフォークロアの浅さを示しています。いまは少し変わっています。私の力が深まったのではなく、時の流れがそうさせたのだと思います。

当時の模索といまの私のフォークロアとは、どこかではつながっているのかもしれませんが、そのときは結局、父親の世代の戦争体験はわからないということが結論だったんです。もう少し、その体験をきちんと表現してくれよと。わからないということがそれなりにわかりました。頭で理解するものでない対象をどうも頭で理解し切ろうとしていた感触が強く残りました。それだけだったんです。それまでの「?」を、ある体験を思想化――継承可能な体系化――するとはどのようなことなのかという問いに置き換えて頭のどこかに抱えていくことになりました。そして沖縄のありさまを垣間見て帰京した私が、たとえば「反戦・平和」を叫んでヘルメットをかぶらなかった理由のひとつに、そうした噛《か》みきれないものの存在――表現する側からすればはぐらかしてしかあらわせない心意ということになるのでしょうか――の確認がありました。

4

そのころ、東京―沖縄は船でたしか二泊の行程だったと思います――これはうっすらとした記憶です。船中での時間が長いため、何冊か本を持って乗りました。たまたま民俗学者の宮本常一がその著作集の二巻に「戦争体験を活かす道」という文を書いていたことを知ったので、民俗学に興味があるということではなく、戦争体験がどんなふうに書かれているんだろうということで、その本も持って行きました。これについては前に別のところで書いたことがあるのですが、印象に残っているのが、次の文章です。

「戦争の末期頃われわれわれは高空を行くB29の姿を見た。青い空に白い翼が夢のように美しかった。その記憶は誰にでもある筈である。だがその飛行機の落とす爆弾がわれわれの生活を無残なものにした。いまもそうした飛行機は無数に空の上をとんでいる。ただそれがわれわれの周囲に爆弾をおとさないだけである。そういうものがはたして平和であると言えるかどうか。」（注2）

夏の沖縄からの帰路の船中でそれ以外のところを読み、むしろそれ以外のところに強くあらわれている視点に驚いて、実はその秋に宮本先生の家へ押しかけて教えを乞うことになりました。その著作のなかでよく知られている『忘れられた日本人』を読んではありません。この本は宮本常一の教えを受け始めて二年ほどたって読んだんですが、こういう人であれば、こういう記録も残していくんだろうなあ、とごく自然に受けとめて読んでいました。

で、これまで三〇年ぐらい民俗調査をして、いろんな人の話を聞いて歩いていると、ときどき思い出すんですね。そういえば、自分の親父の世代というのは、一番大変な体験を話そうとしないで死んじゃったな、と。そして民俗学のフィールドという場において、人が人に話を聞くという行為の意味を考えるなかで、かつて子供の頃の自分が漠然と疑問に感じていた問題はどういうふうに位置づけられるんだろうか、と時々思ったりもしていました。

しかし、これらのこと――フォークロアの世界と親の世代の奇妙な沈黙――は必ずしもいまきれいにリンクさせる形で提示できるわけではありません。漠然としたつながりを感じてはいるのですが、それもある意味では時の流れがつながりの水路づくりを手伝ってくれているように思いますし、あるいはまた私がフォークロアにひきつけて括《くく》ろうとしているのかもしれません。

5

私が民俗調査で聞き書きを始めたころ、いく人かの先輩の研究者から、「相手のお年寄りが学校の先生の経験者であれば、時間を割いて話してくださることには敬意を払い謝意を述べなければいけないけれども、話された内容については細心の注意をもって受け取るように」といった意味のアドバイスを受けました。

なぜかと言うと、近代教育は、「事実」を「事実」のままに話すのではなく、そこに何らかの形で位置づけをして話すことになっており、近代教育の場に誠実に関わった人であればあるほどそれが習い性になっていて、自分の体験を話すときにも、どうあるべきだったか、どうあってほしかったかという価値観が、より強い形で、しかも本人がそれをさほど自覚していないだけに、非常に微妙な一見わかりずらい形で口調のなかに含まれていることがある。だから、細心の注意を払って聞き書きをしなさい、という意味でした。

事実というのは、そこに明確な意味づけを付されてこそ事実である。そういう時代に私たちは生きていると思います。その明確な意味を前提として事実が立ち上がります。人が自分の過去を振り返って語るときもそれは同じだと思います。もちろん私自身を含めて。そしてこの意味づけを支えているのは、時代性を色濃く反映しているとはいえ、いまとこれからを生きていくための意思とか意欲の次元のものになるのでしょう。

たしかに過去を消し去ることはできない、しかし自分は過去に囚《とら》われて生きていくつもりもなければ、その傷を癒さないで生きていくつもりもない。自分は決して自分の過去に封じ込められてはいない、過去をこのように位置づけて振り返り得るほどにいまの自分は自由なんだ、と。

位置づけというのは、過去に対してある自由をもちたいという希求がそこに入っています。これからどうありたいか、という今の時点での未来への方向性が陰画のようにそこに織りこまれてもいます。

ですから、振り返って人が自分の体験を話すときには、後知恵も正当化も含まれています。つまり、前に向かって生きるという姿勢のなかにそういうものがないほうが不自然でしょう。変えることができない過去の出来事と、それを位置づけすることによってより自由な生を生きようをする姿勢。聞き書きから手繰り寄せられる世界というのは、その二つのうえに成立していると思います。そしてこれは「伝承」という営みの本質にかかわることでもあります。そこでは決して往時が往時として展開するわけではないんです。だからこそ、聞く人間はなにか大切なものに行き当たったと感じて、その場にはまってしまうということになります。

ところが、そんな枠組みがパーンと弾けて消える時間があります。位置づけとか意味づけとかの規定が瞬時に消えて、三〇年前、五〇年前のその場の感性がまるでむき出しのような形であらわれる。これは単に話の勢いだとか話術の巧みさとかではない。誰にでも起こり得ることかもしれないけれども、しかし私が聞き書きの場でそんな時間に遭遇するのは、実は三〜四年に一回でしょうか。だからそうした時間は明確に覚えています。

一番最初は私が学生のころ、愛媛県の山中で話をしてくれた大工の古老、一番最近は能登半島で会った漁師のお年寄り、といった具合に。お祭りの日の高揚感とか大漁の充実感を、ただそのままそこにゴロッと出して、それでおしまい。多くの方は、たとえば「いまと違って昔は娯楽が少なかったからね」と、昔の祭りについて話したあと、ちょっと照れくさそうに最後にそんなコメント——今から振り返っての位置づけ——をつけたして自分の話をまとめたり、「それに引き換えいまの海は」とすぐに資源枯渇を嘆いて話を結ぶ。それはごく普通の話の展開です。しかしあの人たちは、そういう展開はしない。あとはあんたが自分の話を勝手に受け取ってくれ、それだけのことなんだ、と。ゴロッとむきだしの「往時」をそこに吐き出しておしまい。

聞く側の深読みかもしれませんが、あのときの体験は間違いなく今までの自分を支えてきたものだ、といった表情が言葉のむこうに見えるような気がします。もっとも話す本人にとっては、そんな能書きを言われてもただしゃらくさいだけでしょう。たぶんなにかエネルギーの塊として内に息づいているだけだと思います。あの手ごたえが今の俺に漁師をさせているんだ、浮世の変化はまた別のこと、と。

そういう話を聞いたときには、その家を辞して玄関から一歩外に出ると、すぐにそこでその時間を反芻します。振り返ってしまうんです。話し手はかつての日々の事柄を飾り気なく示してくださったにすぎないらしいんだけれども、そこには聞き手である私の気持ちをさまざまに触発する表現がつながっていた、あれは一体何だったんだろう、と。そのときもそうして今もそう思っています。意味づけしての回顧とは違う強いものが、そこに生《なま》でいきなりあらわれたようなものですから。

たぶんそれは、いま私が立っている場所を揺り動かして気付かせてくれる何かだったんでしょう。その時間は、これまでの聞き書きの時間を思い返したときに、海の中の島のように浮かび上がってくる記憶のひとつです。

6

五年ほど前に参加したあるシンポジウムの懇親会で、ひとりの女性研究者が私のところに来て、こんなことを話してくれました。

彼女は、かつて日本の捕虜収容所にいたイギリス人とオーストラリア人の聞き書きをしているそうです。聞く相手の方々はもう八〇歳とか八五歳とか、そういう年齢になります。インタビューの場をつくり、ビデオカメラもセッティングして、つまりどういう状態でインタビューがなされているのかということをきちんと伝わる形で映像記録化して、日本軍の捕虜収容所での話を聞かせてもらっている。

そうすると、ある人がその当時のことをだんだん記憶をたどりつつ話しながら、「おれは憲兵なんか大嫌いだ」と言ったそうです。「アイ　ヘイト　ケンペイ（I hate Kenpei.）」とはっきり憎悪を示す。そして、二回、三回とだんだん声を高くして繰り返し、四回か五回目に彼の感情が激昂して、そのインタビューをしている彼女を見て「アイ　ヘイト　ユー」と言って、大声をあげたと言んです。これには思わず後ろに引いて、ビデオカメラのフレームからはずれた、と。

この憎しみは彼の彼としての存在のなかで、深いところに根づいているのでしょう。「昔」は「今」であるほどに。それがいきなり生の形であらわれた。そうして日本人の蛮行に対して日本人がインタビューをすれば、その日本人がどんな立場の人間であれ、日本人としての原罪というものを問うほどに深いものなのかもしれない。そんな状況の記録というのは、どういうふうに受けとめ考えていったらいいのか。先ほど私は、日常生活のなかでパーンと時空が弾けるようなことがあると述べたんですが、それと無関係ではないけれど、もっと強い深さのものになると思います。その深さをどう受けとめていくか。

実はこの章でふれたようなことは、拙書の『記憶すること　記録すること――聞き書き論ノート』で書いています。その中で私の父親についても少しふれました。父は大正十一年（一九二二）に生まれて、本章の冒頭で紹介したように特攻隊要員であり、そして偶然の重なりで生き残り、親しい友人はほとんどが亡くなったと。

すると、その本を出して三か月ぐらいして、私と同世代の女性の方から電話がかかってきて、実はあなたの本を読んで、あなたのお父さんというのはどうも私の母親のかつての婚約者――戦死した学徒兵――と友達だったかもしれないように感じた、と。気になって母に話したら、母も本を読んでそうにちがいないと言うので確認することになった、と。

私は、そんなことまでわかるようには全然書いていないんです。で、その電話をかけてきた方の母親の亡くなられた婚約者の姓名を聞いてみると、まさに戦死した父の友人でした。だいぶ前に毎日新聞社から学徒兵の遺稿集が刊行されていて、この亡くなった特攻隊員の方のものもそこにおさめられています。その特攻隊員の遺言には恋人の彼女への想いが直截にあらわれています。家族あての遺書に、自分が着古した軍服は彼女にやってくれ、家族には新しい軍服があるからそれを渡す、と書き残しています（注3）。

いまその女性は八〇代半ばの方のはずですが、その方のなかには、そこから止まった娘時代の時間がそのまま生きているんでしょう。娘さんが二人おられて、そのひとりのかたが私に電話をくださったんですが、その女性は娘たちに、自分が死んだら自分の骨をかつての婚約者が死んだ沖縄の海に散骨するように頼んでいるそうです。そして、その娘さんたちはその申し出を受けて、そのとおりにしようと思っている、と話されていました――ただ、私たちは大変しあわせな家庭に育ったということも申し添えておきたいのですが、とつけ加えられて。

おそらく、この方にとっては一番最後、息をひきとるときに帰る時空というのは、かつて娘だったころの時空になるんだと思います。戦争体験をもつ世代は、そういう止まった時間、逆に言えば息づいている記憶を日常感覚の奥底に潜ませている方が少なくないように思います。

『レイテ戦記』を書かれた作家の大岡昇平さんが、次のように語っています。

「もとの収容所の仲間が、「レイテ同生会」というのを作ってね、集まろうということになった。(中略)みんなで昔のことを偲ぼう、山の中の生活を忘れないようにしよう、といって世話人が塩を出したわけですよ。するとなんかこう胸が一ぱいになっちゃって、涙がこみあげてきて、その塩がなめられないんだな。なんか非常に自分でもびっくりしたんですけど。」(注4)

この会がもたれたのは昭和四十一年(一九六六)のことだそうですが、戦後二〇年を経ても「自分でもびっくり」する反応が自分の中に潜んでいる。そんな体験世界において、「記録」とか「記憶」という言葉は軽々しく位置づけし切れないように思えます。なにか位置づけをして先に進むものではなく、咀嚼《そしゃく》しきれないことを認めてそのままずっと向きあわなければならない次元のものもそこにはあるように思います。

7

今からもう一〇年近く前のことになりますが、ＰＴＡや教育関係者から悪評をとった『バトル・ロワイアル』（深作欣二監督、二〇〇〇年公開）という映画がありました。中学生が無人島に閉じ込められて、お互いに殺し合いをし、生き延びた人間だけが島を脱出する、そんなストーリーです。

「なんという残酷な」、「青少年犯罪が多いこのときに」といった批評があびせられて、十五歳未満は見てはいけない映画に指定されました。私自身は、あの映画をつくった映画監督が終戦をむかえられたのが十五歳と知ったときに、これは戦争体験をものすごく撓《たわ》めて、現在の矛盾としてずらした形でつくったんじゃないのかなと思ったんです。もちろん、これは原作者は別にいるんですが、監督自身はその原作のなかに自分の原体験ともいえる「時」を読み込んでつくったんじゃないのかな、と。戦争体験というのはそういう形の表象もあり得るんじゃないか。撓めることによって、フィクションの形をとった問いかけとして、生の記憶のままではもてあましていたものを少しでもあらわし、伝えていく、あるいは伝えざるをえなくなっていく。

戦争は、戦死者を生み出すことによって生き延びる人間を残していきます。あいつは自分のために死んだ、あいつらの犠牲のうえにいまの自分がある、といった表情を親の世代のなかに、いくどかふと垣間見たという漠然とした記憶が私にはありますが、その監督が十五歳のころに直面した「不条理で残酷な現実」と、そこを生き延びられたという虚脱的な安堵感をどうやったら直截に伝えられるかというと、かつての時をそのままなぞり返してあらわすのではなく、それを撓めて物語の形にすりあわせることで伝え得る水路がつくられ得ることもあるのではないかと思います。そこには実際の時空から伸ばされた架空の補助線にこそ本質がからみついています。痛切な体験を伝えることを試みるとはそういうことでもあるのでしょう。

あの映画の筋だけ聞きますと、とんでもない映画ですね。でも、あるメッセージをきちんともった映画ではないのかなと思っています。私自身この映画を見たのは、実は私の子どもから言われてなんです。たしか彼が大学二年のときだったか、「妙に気になる映画がある。実は二〇回以上見たんだ」と言うもんだから。へえーっと思って、レンタルビデオ店で借りて見てみました。マスコミでは、中学生同士が殺し合うという設定のみが強く取りあげられていたようでしたので。

で、この映画は前述のような性格をもっているんじゃないだろうか、ということを、あるシンポジウムの場で話したことがあるんです。でもそれでいいのかなと気にはなっていました。そしたらそののちに読んだ本のなかで、その映画を手がけた監督が「自分の十五歳のひっくり返った体験と同じだったから」と原作をご自身の体験に読み替えていたことを知って、まったくの見当違いではなかったとほっとしたことがあります（注5）。

いろんな形の継承があり得るのでしょう。事実を生のままに伝えようとすることだけがそのスタイルではない。一見変化球、一見はずれた、ときにはふざけたもののなかに、すごくシリアスなものがある。シリアスなものを伝えるものは、いつもシリアスな顔をしているとはかぎらない。むしろ、本質的なものにつながるこまやかさを切りすててしまった生まじめさというものもあるように思います。

私がそう思うのは、冒頭に述べたように、戦争体験なんか簡単に伝えられるものかという親の世代の人びとの表情を子どものころにいく度も見たことにつながります。

8

私が子どものころ、「戦争を体験しない者にわかってたまるか」という表情をみせていた人たちの記憶を頭のなかで棚あげにしておいて、それからのち戦争体験世代の書いたものを読んでいるうちに、これはあの表情の世界とつながる、あの「わかってたまるか」の表情が時を経たらこう表現されるのだろうな、と思う文章にぶつかることがあります。

たとえば尾川正二さんの『戦争──虚構と真実』(注6)。尾川さんはこの書を刊行される前には『極限のなかの人間──極楽鳥の島』という捕虜時代に書かれた手記を出されています(注7)。二〇〇〇年に刊行された前者には、反戦を叫ぶ人間の戦争理解のずさんさを、諦観と憤りとで指摘されています。もちろん、尾川さんは強い戦争否定の立場で書かれているのですが、あの戦争の記憶からスローガン的に戦争反対という言説を引き出せばそれで正しいと考える人たちへの落胆、体験を語ることのむずかしさ、それでも異議を言わざるを得ない体験の痛切さが、そのまま伝わってきます。

また、作家の古山高麗雄さんの一連の小説、たとえば『フーコン戦記』のなかの一節。

「あの戦争は、米英仏蘭にはめられたということもあるだろうが、日本軍は、国を護るために支那大陸を侵略したのではない。東亜解放というのも、後追いの標語である。国民はそれを感じながら、しかし、口を揃えて、天皇陛下のため、国のため、と言った。口先だけで言った者もいたが、そうだと思い込もうとした。そう思わなければ、軍の奴隷になってしまうからである。

フーコンでもインパールでも、おびただしい将兵が餓死した。それを本人も、遺族も、軍の奴隷の餓死だとは思いたくないのである。国のための名誉の餓死だと思いたいのである。軍は、人のそういう心につけ込んだ。

辰平（主人公―引用者注）はそう思っている。戦後は、天皇陛下のため、とは言わなくなったが、平和のために戦争を語ろう、などという嘘に満ちた国になった。戦争で最も苦しめられるのは、一番弱い女と子供だ、などという、甘言が幅を利かす国になった。戦友会では相変わらず、英霊に申し訳ないと言いながらの自慢話。辰平は、そういう人たちとは違う話を、せめて、妻子や孫にしようとしたのだが拒まれた。孫から、自慢話ばきいとるごたる、と言われた。戦争の話は、戦後生まれの者には、どんな話をしても、結局は自慢話のように聞こえるのである。」（注8）

この文中の「平和のために戦争を語ろう、などという嘘に満ちた国になった。戦争で最も苦しめられるのは、一番弱い女と子供だ、などという、甘言が幅を利かす国になった。」という一節をつつみこむ世界をどう受け止めるのか。この一節だけ読むと、いわゆる右寄りの人たちもこうは言わないだろうというような突きはなした表現です。私にはたいへん柔軟で素直な感性をもった方が、「結局、話してもわからないんだろうな、自分の体験したことは」とむきにならずに、あるあきらめとともにそうした状況を受けとめている姿、そしてまたその諦観自体を述べることで何かを伝えたいという姿が浮かびます。本当は伝わりっこないのかなという大きな諦観とともにしか伝えられないことを確認しているようでもあります。

私の幼なじみの父親を思い出します。前にも申し上げたように彼はインパール作戦から生きて帰ってきた人でした。のどやかな、時には間がぬけていると思われるほどのんきな人で、日曜日には終日釣竿をかついで、近くの公園の濠で釣れようが釣れまいが釣りをしていました。釣果無しの日も多く、奥さんからよく文句を言われていました。戦争体験についてはデフォルメされた冗談の形でときおり口にしたくらいで、聞かれても話そうとしませんでした。古山高麗雄さんの『断作戦』という小説を読んだ折、彼のことを思い出しました。それは次のようなくだりを読んだときのことで、ああ、あのおっちゃん、なんかこんなふうな感じだったたな、こんな態度を見せていたな、と思い出したからです。

「戦争がどんなに悲惨なものであり、よくないことであるか、いきり立たなくても伝えることはできる、伝えられんもんはどんなにいきり立っても伝えられんのじゃなかでしょうか。私は、今、反戦、反戦ちゅうて騒いどる人を見ると、こん人たちは時代が変われば、撃ちてしやまんの、聖戦の奉公ちゅうて、騒ぐんじゃろうと思われてならんです。浜崎（戦死した戦友―引用者注）が生きていたとしたら、ああいうのを見てどう言うだろうか、と考えますな。」（注9）

こう話してきますと、思想とは何だろうか、体験からたちあげる思想とは何だろうか、といった多くの人によって昔から問い続けられてきた根源的なそんな問いが、ここでも顔をあらわすんですが、戦争体験というテーマに即した形で、ここでそれを正面から述べる力は私にはありません。戦争体験というような日常性をこえた伝承の性格のほんの一端、それも確信以前の、あるいはそうじゃないのかなという段階での私の感想を述べているにすぎません。

9

竹内浩三（一九二一～四五）という人の「骨のうたう」という詩があります。この方は昭和二十年（一九四五）四月にフィリピンで戦死した方ですが、その詩は足立巻一さんが紹介されて、広く知られるようになったと思います。このタイトルの「骨」とは、もちろん白木の箱におさめられて帰国した遺骨です。そのなかの一節に、こうあります。

白い箱にて　故国をながめる
音もなく　なんにもなく
帰っては　きましたけれど
故国の人のよそよそしさや
自分の事務や女のみだしなみが大切で
骨は骨　骨を愛する人もなし
骨は骨として　勲章をもらい
高く崇められ　ほまれは高し
なれど　骨はききたかった
絶大な愛情のひびきをききたかった
がらがらどんどんと事務と常識が流れ
故国は発展にいそがしかった
女は　化粧にいそがしかった（注10）

これは戦後につくられた詩ではないんです。昭和二十年四月に戦死された方ですから。でも、足立さんが指摘されているように、戦後の日本を「すでに透視」したような感性です。そして、この詩を踏まえて、いわゆる左寄りからであれ右寄りからであれ、戦後の日本を批判することはできそうですが、それは実はこの詩からすごく遠いところに位置する行為のように思えます。「戦争」という場や状況が人間個々につきつけたものは、ひとりひとりでは背負いきれない大きなものだったと思います。それを「平和」な時代の感性のキャパシティで受けとめ、位置づけ、総括し切るということは、どこかたいへん不遜なものが入るようにも思います。その大きさとは、なにか生まじめにそれに向きあえば向きあうほど、心が柔軟さをなくしてしまう。間口がせまくなってしまう、そんな性質のものかもしれないと思います。

いや、私自身、どう表現したものかと考え考え言葉を出しています。かつて「わかってたまるか」と口をつぐんでいた大人たちの心の中の情景は結局、ほとんど「思想」化されることはないんだろうか。そのなかにこそ大切な問いが幾重にも存在しているように思うんだけど、ということを伝えてみたいだけです。そのときに、撓めて伝える、伝えざるを得ないという世界にいきあたります。

前に述べた「意味づけ」とは少し違ったものになると思うのですが、引用した古山さんの小説は、体験した時空と、それをふりかえる時空との間にあるへだたりをこそ正確に伝えたかったもののように思えるからです。そしてそのへだたりをへだたりのまま明確に表記し得るのは、事象が素《す》の記述であることにこだわらない柔軟な主体の働きによるように感じています。

岡本喜八という映画監督がいます。彼は昭和三十四年（一九五九）に、国家という枠組みをドライなニヒリズムで陽気に相対化して笑いとばす無国籍アクション風の戦争活劇映画をつくりました（注11）。そのころの戦争映画の多くは、生まじめなトーンの反戦映画か、逆に「日本軍もよく戦ったんだ」というういわゆる「逆コース」と位置づけられるもので、彼のような映画はなかったようにと思います。それを見てきた父がめずらしく「岡本喜八とかいうのが、あんな映画をつくってから」と家でつぶやいていました。それを私が妙に覚えているのは、彼の口調に不快感がなかったからです。むしろ楽しそうに吐きすてたという感じでした。それは、前述した私の幼なじみの父親の反応も似ていました。私ははるかのちにそれをレンタルビデオ店で借りて見てみたのですが、その映画は現実から遊離しており、遊離することで国や組織に帰属することからの解放感を全面的に肯定したトーンのものでした。そんな形で戦争体験者が内にかかえていた何か大切なものを掘りおこして、提示したのでしょう。

記憶と記録という言葉のむこうに、事実とは何かという問いが必然的に出てくるのでしょうが、逆に私はフィクションという手つづきでしかあらわせないもの、掘りおこせないものの存在も考えてみたいと思っています。そして、撓めることで伝える、伝えざるを得ないという心意は、どこかフォークロアの本質とクロスするもののようにも思います。だとすれば私のかつての沖縄行きと、それ以後関わってきたフォークロアの世界とはどこかで通底している、あるいは私が通底しているように考えるに至ったということになります。

沖縄からの帰りの船中で宮本常一の本を読了した私は前の章で述べたように、ひと月半後に宮本宅に押しかけその教えを受けることになります。「まず歩いてみるこっちゃ」そう言われて埼玉と山梨の山間に入って私のフィールド・ワークが始まります。私は柳田國男や折口信夫の本からだけではフォークロアの道へは入らなかったように思います。だとすれば、スタートはあの沖縄行きにあったかもしれません。やはりこれはこじつけっぽいのでしょうか。

最後にひとつ、おことわりをいたしておきます。戦争にかかわる体験自体、それぞれに違い、それゆえのこだわりもあり、決してひと色ではないのでしょうが、ここではかつて私の身近におられた人たちの姿をとおしての私の感懐になります。その意味では重い言葉をたいへんおおまかに使っています。ただ、まずそこから考えを起こしてみることが私にとって自然に思えましたのでここではそうしています。

注

1 「沖縄報告」は一九六九年五月十八日から五部作、通算一〇〇回の連載と同年八月二十七日の別刷特集からなる。同年十一月に『沖縄報告』として本にまとめられ朝日新聞社から刊行。

2 宮本常一『宮本常一著作集2　日本の中央と地方』未來社、一九六七年、二一二ページ。

3 『ああ同期の桜――かえらざる青春の手記』毎日新聞社、一九六六年。

4 大岡昇平『戦争』大光社、一九七〇年、二一二ページ。これは二〇〇七年に岩波現代文庫から再刊された。
5 映像塾プロジェクト編集『深作欣二 ラスト・メッセージ』シネマハウス、二〇〇五年、三一ページ。
6 尾川正二『戦争――虚構と真実』光人社、二〇〇〇年。
7 尾川正二『極限のなかの人間――極楽鳥の島』創文社、一九六九年。
8 古山高麗雄『フーコン戦記』文芸春秋、一九九九年、七三~七四ページ。二〇〇三年に文春文庫版として再刊。
9 古山高麗雄『断作戦』文芸春秋、一九八二年。本稿での引用は文春文庫版(二〇〇三年)一五三~一五四ページ。
10 足立巻一『戦死ヤアワレ――無名戦士の記録』新潮社、一九八二年。本稿の引用は、足立巻一氏の表現を含め三五~六ページ。竹内浩三については竹内浩三『戦死やあわれ』(小林察編、岩波書店、二〇〇三年)、『竹内浩三集』(よしだみどり編、藤原書店、二〇〇六年)、『竹内浩三全作品集 日本が見えない』(小林察編、藤原書店、二〇〇一年)、稲泉連『ぼくもいくさに征くのだけれど 竹内浩三の詩と死』(中央公論新社、二〇〇四年)などいくつか刊行されている。
11 『独立愚連隊』(東宝、監督・脚本岡本喜八、一九五九年)。本章で述べた傾向は、その続編『独立愚連隊西へ』(一九六〇年)ではさらに強くなる。

「どうして肩に力がはいるんじゃい」

——峠の風——

丘を抜ける海風　長崎県宇久島　2009 年 7 月

1

ここでこれから述べてみたいのは、人間のつながり方のひとつのありようです。そうしてそこから見えてくるのは、腕に技をもつ人々が世間を広げていく力や勢いになります。とはいえそれは話のひとつの柱にすぎず、その柱にまた様々な人の動きが絡《から》んでおり、その動きや絡みのさまをそのまま示せないものだろうか、と稿を書き始めている今はそう思っています。

もったいぶった前おきはこの辺でやめておきましょう。私自身がどこまでそうしたことを表現できるのか、まったくの手探りで始めているのですから。

2

瀬戸内海の西部に、ちょうど頭を西に向けた金魚のような形をした周防大島《すおうおおしま》という島があります。多くの人にとってさほどなじみのない島かもしれませんが、瀬戸内海では淡路島《あわじしま》、小豆島《しょうどしま》に次いで大きな島で、現在戸籍数にして約一万戸、二万四〇〇〇人ほどの人々がこの島に住んでいます（実際は本土と架橋されているのですが、ここでは「島」と記述しておきます）。

さて、この金魚の尾のつけ根のあたりに位置する西方《にしかた》という地域の浜寄りの農家に、明治四十年（一九〇七）八月にひとりの男の子が生まれました。彼はやがて日本中をくまなく歩く旅びととして成長していくのですが、五一歳になった時、次のような文章で郷里をふり返っています。

「家のすぐ裏は石垣で、潮がみちるとその石垣を波が洗った。海の向うには中国地方の山々がつらなって海を限っていた。

家の南には白木山という四〇〇メートルたらずの山がそびえていて、その上にあがると南には四国、西には九州の山々ものぞまれた。海には島が多かった。

見はらしがきくということは人びとに遠い世界へいろいろの思いをはせさせるものであった。

私は百姓の子で、小さい時から田畑ではたらいた。冬になると白木山へ父や母とたきぎをとりにいった。そこへ仕事にゆくのはたのしかった。たくさんの島が見えるからである。昼べんとうをたべるときなど、父からその島の一つ一つの名をきき、またその島の様子を話してもらった。父はその知識をどこから得たものか、学校へ行ったこともないのに実によく知っていた。

島にはみんな名があった。名のない島というものはなかった。そしてそれぞれ何か話題になるものをもっているのである。

そういう話をきいていると、自分も一つ一つの島へわたって見たいと思った。また、中国や、四国や九州の山々を見つめていると、その山の向うに何があるだろう、どんな世界があるだろうと山の彼方の世界に心をひかれた。

そんな思いを持つものは、私一人ではなくて、島に住むほどのものなら、みんな持っていたのではないかと思われる。

夕方、山から、田畑から、仕事をおえてかえって来た人たちはいいあわせたように浜に出るか、石垣の上にあつまって沖の方を見ながら世間話をはじめる。

はじめは稲の出来、麦の出来、村のうちの出来ごとなど話しているが、そのうちきっと旅の話がでる。」（注1）

3

そうしてこの文章を書く三年ほど前、彼は郷里について次のような文章もしるしています。

「「瀬戸内海は景色がよい」と人々は言う。「なんのよいものか、はげ山ばかりの島が重なり合っていて、身の貧しさ、心の貧しさをさらけ出しているようなものだ。景色がよいなどというのは、そこに住んだことのない人間たちのたわごとだ――そこに住んでいる人々にとって、その景色のよいということがどんなに大きな重荷になっていることか」

私はよくそう言って相手をやっつける。私は瀬戸内海の島生まれである。旅にいて長雨や大雨が降ると夜眠れない。山くずれが心配なのだ。一人の母を故郷に残してきていると、坂道ばかり歩かねば田畑へ行けない島の暮らしに生涯の大半を過ごした母のことがむしょうに気になる。その段々畑のアゼがくずれたり、また谷の田へよその畑がくずれ込む。すると何日もかけてアゼをつきなおしたり田のなかにへ入った土を取り除かなければならない。幼い日から、いく度かそういうことを繰り返してきた。旅にいて雨のあとで故郷の田畑にツエヌケ（山くずれ）がなかったと聞くとホッとする。やせこけて砂の多い畑はまた夏になると日にやけやすい。なにをつくってもろくなものはできない。

平地らしい平地さえろくにない島をどうしてこうまで木をきってしまったのかと、ときには昔の人をうらめしくさえ思うのだが、よそからやって来るものは、そんなことにはとんじゃくしない。海があって島があって、カコウ岩の露出があって栄養不足のゆがみくねった松でも生えていると景色がよいと心得ている。そういう人は働き疲れてシワクチャになり、腰の曲がったおバアさんを見て美人と思っているのかもしれない。」（注2）

冒頭から長い引用がつづいてしまいましたが、私がこれから述べてみたいのは、この二つの異なった色あいをもつ文章――前者は旅を誘う風土としてののどやかにふり返られる郷土、後者はそこに住む者に厳しい環境として存在する郷土、換言すればそうしたところをも郷土としてしまう定住への希求――の間に位置する人たちの生きかたの一面になります。

4

どうもまだもってまわったもの言いがつづいています。

ありていに言ってしまえば、これまでその文章を引用してきた明治四十年生まれの人物とは、民俗学者の宮本常一という人です。そうして私がここで書こうとしているのは、彼の郷里から輩出された旅稼ぎの大工職人の動きなのです。ただ、それを「民俗学者」だの「宮本常一」だの「旅稼ぎ」だの「大工職人」だのといった言葉や固有名詞の枠の中に位置づけ切らずに語りたいという気持ちが強いために、まわりくどく、もってまわった表現になっているようです。

宮本常一の郷里の周防大島では、多くの旅稼ぎ、出稼ぎの人々を生んできました。その背景にはたしかに、農耕定住者にとって恵まれているとは言えない風土があります。むらはその生産力を維持していくために一定の労働力を必要としますが、反面またその土地に頼り得る人間の数にも限りがあります。山がちのやせた土地の島では、そのことはより目に見えやすい形であらわれてきます。

むらはこの矛盾を外に向けることでのりこえようとしてきました。むら内で解決するには困難な問題だったとも言えます。様々な形で人々がむらの外に出ていくからこそむら内の均衡が守られてきました。旅稼ぎ、出稼ぎと呼ばれる人々の動きもそれにあたります。むらの外に出た人たちは、逆に旅先のいくつものむらむらを動いて風穴をあけ、そこに外気を呼びこみ、むら内での均衡が守られてきたゆえに、ともすれば内にたまりがちな村落社会の澱《おり》に揺さぶりをかけてもきました。

自然に囲まれてそこにおさまり、いかにも穏やかそうな風貌を見せている、そんなむらの顔の下には常に激しい動きがあったことになります。いや、これは一見したところではわかりにくいもうひとつのむらの姿そのものと言っていいのかもしれません。

5

他に稼ぎの場を求めてむらを出た人たちは、しばしば「過剰人口」「過剰労働力」といった言葉で表現され位置づけをされています。だとすれば旅稼ぎ、出稼ぎとは、郷里のむらの暮らしからはみ出された人たちの営みということになるのでしょう。こうした形の指摘は一面の真実であり、それは集合体としてのむらの意思の切実なあらわれであるとしても、私はまたそこに別の意思や意味も見たいと思っています。

人は定住を希求し、その地の暮らしに安定を求めると同時に、またそこから離れ外の世界を歩くこと、いわば、旅への衝動というものを生来抱えこんで生きてきたように思えるからです。定住という営みが歳月を重ねていくほどに、ある場所に深く根を張っていくほどに、旅への衝動も様々な形をとってあらわれてくるように思えます。

たしかに旅稼ぎは、苦しく不安定な一面をもっています。しかしそこにはそれを苦にしない文化が生みだされていきます。ここで私が述べてみようとする周防大島についてみれば、むらうちで豊かな家に生まれた者も――彼が長男か次三男かということにかかわらず――積極的に外に出て稼ぎ歩く傾向がみられたようですから。

その動きからは、単にむらからはみ出た者が、そのことに居直ってつくりあげた人生哲学以上の強さや深さがうかがえます。それは未知の世界に自分をぶつけ、世界を広げていくことによって己の内に潜んでいるものを成長させていきたいという生への肯定力と表現できるように思います。

旅への衝動と定住という安定への希求、この二つの要素は前に引用した宮本の二つの文章に各々原初的な形で存在しているかのようです。そうしてこの二つの要素が重なりあったところに、周防大島の旅稼ぎの大工職人が位置しています。彼等は腕に技をもつ人々であっただけに、この間の問題のありようをより明快に具現化しているように思います。

彼等は郷里ではその出先の地を冠して、土佐に出た者は「土佐大工」と呼ばれ、伊予に出た者は「伊予大工」と呼ばれていました。以下、この稿では彼等のことを「長州大工」という言葉であらわします。「長州大工」とは稼ぎ先の四国山中での彼等の呼称になります。

また、これまでむらの外へ出かける稼ぎのことを、旅稼ぎ、出稼ぎと並記して表現してきました。これは私の中で漠然とではあるのですが、己の技や力で稼ぎ先を開拓していく比重の大きな動きを「旅稼ぎ」とし、ある枠の内での時間や労働力の切り売り的色あいの強いものを「出稼ぎ」と表現するという感覚があり、それにしたがって言葉をあてているからにすぎません。もちろんこの二者は明瞭な一線で画される概念ではなく、その境は曖昧なのですが、以下本稿ではこの島の大工職人の外の世界での稼ぎを「旅稼ぎ」という言葉で統一して使っておくことにします。

6

この島の西方《にしかた》という地域の、ことに旅稼ぎが多いむらでは、むらうちにトマリコ、トマリワカイシと呼ばれる慣習がありました。漢字にあてると各々「泊り子」、「泊り若い衆」となるのでしょう。

家の主人が旅稼ぎに行く時、夫婦で出かける場合もありましたが、その妻は家に残ることもありました。主人だけが出る場合は、家に残るのは若い嫁ひとりということもあり、そうした時、その家には親類の子や近所の子が泊りに通ってきました。これをトマリコと言います。トマリコは自分の家で夕食をすませるとその家に泊りに行き、翌朝起きるとカド（庭）を掃き、朝食を食べさせてもらって帰ります。

またその家の若い者が稼ぎに出、家には老人だけという場合もあります。そんな時にはむらうちの若い衆が連れだって泊りに来ました。これをトマリワカイシと言います。

いまもまだ西方の古老の中には、子どもの頃から若い頃にかけて、トマリコやトマリワカイシとして何軒もの家に寝泊りしていた経験をもつ方々がおられるのではないかと思います。そのむらに生を受け成長している者として、ごくあたり前にむらうちの旅稼ぎの家に泊りに行っていたにすぎません。これには特に定められた報酬などなく、家人が旅稼ぎから帰った折に手みやげや礼品を渡す程度だったといいますから、心おきなく旅稼ぎにでかけることができるしくみが地域のなかに慣習として存在していたことになります（注3）。

といってもこうした慣習はきわだって特殊なものではないでしょう。宮本の『家郷の訓』のなかには次のような記述があります。

「若い妻にはやがて子が出来る。しかしこの母親は毎日家を外にして働かなければならない。早く出て行くと昼飯の支度にかえるまでは山にいる。昼飯がすめばまた山である。その間子供は老人のいる家であればばァさんが世話をする。それのいない家では子守をやとう。たいていは親類の娘子どもである。これには別に賃らしいものもやらなかった。私も親類の子などに負われたことがあるというが、私の家には祖父も祖母もいたので老人が一番多く面倒を見た。このようにして六、七歳になるまでは通常祖父母のもとで育てられる。」（注4）

トマリコ、トマリワカイシはこうしたむら社会のつながりの延長線上にごく自然に位置する慣習として見ることができると思います。

7

こうした慣習は、もちろん、この土地の暮らしの中に旅稼ぎが根づいていくとともに生まれ、受けつがれてきたものでしょう。

そうしてこの土地の旅稼ぎは、文書資料や伝承で検証、類推する限りにおいては一八世紀半ばからのことになります。もとより、それ以前に人々のそうした動きがなかったわけではないのでしょうが、それ以前の時代は人々の動き自体がもっと流動的であり定住生活は不安定さをもっていたように思います。そうした時代を経て、近世と呼ばれる時代に入り、むらがむらとしてのおちつきをみせてくるのに、さらに一世紀余りの歳月の流れは必要だったのではないでしょうか。そうしてさらに人口が増加した時に――これは後述するように爆発的に、と表現してよいほどの増加なのですが――旅稼ぎという表現で掬《すく》える人の動きが文書資料にあらわれてくるようになります。

またここでもってまわった言いまわしをしてしまいました。旅稼ぎという行為自体が、集落や社会のある程度の安定性を前提として発想され浮き彫りにされていく概念なのですから。

現在、この周防大島――をはじめ瀬戸内西部の島々――のむらむらを見て歩くと、ひとつの

山の中腹の集落　「郷」と海寄りの集落「浜」
これは周防大島の大積《おおつみ》というむら。1984年5月

むらが、山すその家々と海辺の家々との二つの集落によって成っている例が多いことに気づきます。むらのひとは、山すその家々を「郷《ごう》」、海よりの家々を「浜《はま》」と呼びわけています。もっともこの百年ほどの間に、山すその家は次第に浜へと移り、また浜には外からの新しい家も増え、往時のむらの姿はくずれていきつつあります。

近世になり、「海賊」や「水軍」という名で呼ばれる人々の動きがひとつの秩序のもとに封じこめられていくのと軌を一にするようにして、この山よりの「郷」の集落が成立していきました。「郷」の人々は、家々が固まっている山すそから上の土地を拓きあげていくことで暮らしの安定をはかろうとしました。この地方で「ヤマへ行く」と言えば、多くは畑に野良仕事に行くことを指します。

「郷」の集落が成立をみる頃、まだ浜よりの一帯には家は少なかったはずです。おそらく浜辺に定住者の家が増えていくのは、干拓耕地の造成や塩田の造成がさかんに行われるようになっていく一七世紀末以降のことだと思います。もっとも、魚を追ってきた漁民がそこに小さな小屋をかけて漁をし、季節が移ればまた魚を追って他へ移るといったことは、それ以前の時代からも浜辺で頻繁に見られていたことでしょう。

8

とはいえ土地が限られた島のむらのことです。歴史的な痕跡はその限られた土地のなかに様々に重なって残ってもいます。

周防大島の海岸線は、入江と岬が交互に続いていて、家々は前述したように入江とその背後に続く山すそとに立地しています。岬は海蝕を受けて段崖状に削られており、かつては隣あう浜と浜とをつないで海沿いの道をつけるのは困難なほどでした。このためひとつひとつのむらは岬と岬に囲まれた小世界を思わせる独立性をもっているかのようです。

たとえば周防大島東部のそうしたむらのひとつをここでとりあげてみましょう（注5）。

このむらは一キロ余りの長さの浜をもつのですが、戦前にこのむらの人が浜の西に井戸を掘ろうとして三メートルほど掘りすすむと障害物にぶつかりました。出てきたのは大人がふた抱えするほどもある大きさのクスの木の株でした。そんなことが二度あったそうです。これはこの浜に人が住みつくはるか以前の時代の地形や植生を語るものでしょう。むらの東の斜面や中央部の山すそからは弥生式土器が見つかっています。西の岬を開墾した所には甕《かめ》がひとつ出てきました。拓いていた人がそのまま海に転がしたところ、中には朱が詰まっていたらしく、甕のまわりの海水が何日も赤く染まっていたといいます。その場所からやや東の小山の鼻からも開墾の折に古墳の副葬品ではないかと思われる品々が出てきましたが、それらも海に捨てられました。すべて第二次大戦中のことです。

このむらの旧家は山すそのオドイという小字名《こあざな》の場所にあり、屋号もオドイと称しています。ドイとは中世的な意味あいをもつ呼称です。その近くには同家の地主様として五輪塔（中世の供養塔）がまつられており、同家の所有していた山すその水田では、かつて大田植えが行われていました。大田植えとは、中国山地に多く分布をみる田植えの神事で、むらで最も古いと思われている田、あるいは神田（神への御供米をつくる田、あるいは神社の維持にあてる田）などに人々が集まり、囃しつつ田植え唄をうたって苗を植えていきます。

このむらの入江の中央に立ちぐるりと見まわしただけで、そうした場所がすぐ間近にあります。今列記したものはすべて近世以前にその起源を求め得る遺物や習俗になるのですが、そうした時代のあとに、そこに「郷」と「浜」の集落が成立する時代がおとずれることになります。せまい土地の中に歴史が積み重なっていくとはこうしたことでしょう。

一八世紀半ば以降のこの土地について、爆発的といっていいほどの人口増加の時代、と表現しました。むらの人口は寛延三年（一七五〇）から天保十三年（一八四二）までの間に、宮本の郷里である西方では四・四倍に増えています。その近隣のむらの例をむらの名とともに列記すれば外内《とのにゅう》というむらで四・四倍、地家室《じかむろ》で五・一倍、内入《うちのにゅう》で五・五倍、小泊《こどまり》五倍、和田《わだ》六倍、伊保田《いおた》八倍、油宇《ゆう》六倍（いずれも現在東和町に属する）というように著しいものがあります（注6）。

この人口増加の背後には干拓による水田や塩田の造成や、内海通運の隆盛、またサツマイモの伝播、普及などさまざまな要因があったとされていますが、この動きからは、土地が細分化されていき、土地の権利や利用がよりこまやかに、より多様になっていったであろうことや、人々の職業が複雑化していったことがうかがえます。西方には江戸後期以降、戸主十三代のうちに八八軒の分家、孫分家を出した旧家があります。このことはそうした状況を考えぬ限り理解できないことだと思います。

こうした時期と、長州大工が多く他へ出て行き始めた時期とがほぼ重なってきます。この時期以降、昭和四十年頃まで、瀬戸内海はめまぐるしいほど様々な変化の波を受けてきました。その波は各集落の個性を明確にしていき、また、新しい集落をいくつも誕生させていきましたし、逆にそれ以前からあった集落の色あいや勢いを削いでもいきました。近世半ば以降の瀬戸内海の生活文化の本質とは、そうした変化の波への対応過程のなかにこそ存在する、とまで言えそうな気がするほどです。

長州大工の旅稼ぎは、そうしたなかでの人々の反応のひとつにすぎません。

9

さて、ここで話を長州大工のことに戻すことにします。

伊予、松山平野のすぐ南には四国山地の山々が迫っています。四国山地は壮年期の山の地形であり、険阻な山なみがほぼ東北東から西南西方向に大きな筋をつくって走っています。その分水嶺は西に行くほど北に寄っていて、松山地方では平野のすぐ背後に迫る三坂峠《みさか》一帯がそれにあたります。

松山の海の玄関は三津浜《みつはま》という港ですが、この港に入る船からもすぐにそれとわかる標高七二〇メートルほどのこの峠を越しさえすれば、そこからは南へあるいは東へと山の世界が広がっています。

「(周防)大島を出てのぉ、船で三津浜にあがって松山平野をトコトコ歩いて、三坂峠を登りきって、やぁれだいぶ来たわいとふり返ったら、すぐ前に大島が見えるじゃないかい。あれにはがっくりきたのぉ。」

宮本常一は若い頃の四国への旅をそんなふうに語ったことがあります。

彼がこの峠を越えるおそらく二〇〇年ほど前から、この峠を多くの長州大工が越えていきました。そうしてやはり同じように、この峠で郷里の島を望んだはずです。

「これが大島の見おさめじゃ。」

そう叫んでいく度もふり返りつつ山間に入っていったといいますから。

こうして三坂峠を越えて土佐山中に入った宮本は、檮原《ゆすはら》というところで橋の下の老人にこう言われます。

「あんたはどこかな？はァ長州か、長州かな、そうかなァ、長州人はこのあたりへはえっ、ときておった。長州人は昔からよう稼いだもんじゃ。このあたりへは木挽《こびき》や大工で働きに来ておった。大工は腕ききで、みなええ仕事をしておった。」（注7）

その目的は異なっていても、彼は郷里の長州大工たちのあと追いをするように動いていたことになります。

旅をするとは、それまでとは違った姿の郷里を知ることによって、自分と自分を育んでくれた人たちを見つめなおすことでもあるのでしょう。

10

長州大工がその足跡を残しているのは——現在判明している限りでは——四国のなかでも主

に土佐山中になります。

平尾道雄氏によれば、土佐藩は国境に八一か所の道番所（関所）を設けており、そのうちの六三ほどが山間にあったといいます（注8）。と、書くと出入りにとても厳しい国のように思えてきます。たしかに厳しい一面はあったでしょうが、しかし日常の暮らしの次元でみると、この山間は他との交流なしには生活が成り立たなかったところでもあります。

かつてこの山間に入ってくる塩は瀬戸内海でつくられたものでした。多くの塩の道が北の海岸部から南の山間に伸びていて、そこを塩俵が馬や人の背によって運ばれていきました。そのため国境にはこうした物資の交流地点的な性格をもった集落がいくつもみられました。前に地名をあげた檮原というところの中心集落もそのひとつになります。

檮原地方では、国境を越えて伊予へ塩を買いに行くのに番所通行の正規の手続きをとるのがわずらわしく、番所を抜けたところに小祠をまつり、そこにお参りに行くと称して塩を買いに行っていたそうです（注9）。こうしたことは番所の役人は心得ていたはずです。

また土佐藩では、塩の購入と讃岐の金毘羅参詣については番所の通り抜けを黙認していた旨の話も耳にしました（注10）。番所は、一旦ことある時には番所周辺のむらびとに様々に動いてもらわねばならず、そのこととこの黙認とは表裏をなしていたのでしょう。

むらびとの暮らしに必要とされる人や物は、制度上のきびしさとはまた別の次元のものとして往き来していたように思います。

そうしてその流れのなかに長州大工も含まれています。

「長州大工の何某と名のりさえすれば、土佐の藩所の往来は勝手放題だった。」

そんな話が彼等の郷里に残っているほどですから。

彼等は山間の人々が望む技術をもたらしました。その技をもつ者の誇りとともに。

長州大工が土佐へ来てほこる
粟のぬかよりまだほこる

というヨサコイ節が高知県の中部山間に残っています（注11）。

11

私が長州大工の動きについて興味をもつようになったのは、フィールド・ワークをはじめた頃に、彼等の足跡に次々と出会ったからでした。

私が民俗学的な興味をもって日本を歩き始めたのは大学二年の秋から——もう四〇年近くも前のこと——になります。大学三年の秋、私は徒歩でひと月ほどかけて四国山地の四分の三ほどを横断しました。リュックを背負って、この山間を毎日一日八時間ほど西から東に歩き続けました。この時の旅の起点は愛媛県東宇和郡城川町《しろかわ》（現西予市）という町でした。

城川町で昔のことをよく御存じの古老がおられると聞いて、その古老のお宅――魚成《うなおし》地区の町《まち》という名の集落でした。なぜこのような名なのかはあとでふれます――にうかがいました。入口で来意を告げると、奥から笑顔のおばさんが大きな声で応じながら出て来ました。

「泊まっていきなせえ。泊まっていきなせや。うちの息子も今、富山のほうに行っとるが、どこで誰の世話になっとるやらわからん。」

その夜はそこに泊めていただき、それから数日に渡ってその家の古老、岡田彦一さん（明治二十三年／一八九〇～昭和四十八年／一九七三）から話をうかがいました。この彦一さんの先祖は、偶然なことに、周防大島の西方《にしかた》からこの地に来た長州大工でした。岡田家はこの地に来て彦一さんで五代目になります。初代は久吾右衛門（天明五年／一七八五～弘化四年／一八四七）といい宮大工をしていました。

魚成に龍澤寺《りゅうたくじ》という元亨三年（一三二三）創建といわれる曹洞宗の古刹があります（注12）。久吾右衛門は周防大島の西方からこの寺を継ぐことになった僧とともにこの地にやってきました。当時この寺には山門がなく、そのため僧は山門を造らせようと、同郷の大工久吾右衛門に声をかけました。久吾右衛門はむらを出る時、むらで一番きれいな娘を口説いて連れて出たそうです。伊予山間への定住、もしくは長期の滞在を覚悟していたのでしょう。後に私が周防大

龍澤寺の山門
40年近く前に写したものなのでネガの劣化が激しく眠い感じの写真になってしまっているが、たくみな彫刻をほどこしたみごとな山門である。1971年8月

島西方の岡田家をたずねてみると、江戸時代の後半にむらの娘をつれて伊予に出た親類筋の大工の話が伝わっていました。

龍澤寺の山門は天保十三年（一八四二）に久吾右衛門親子の手によって完成しました。途中資金不足で三年ほど休み、完成まで十年を要したそうです。材料は土佐からケヤキ材をとりよせ、諸寺院の山門を見るために三度ほど京にのぼっています。

腕もよく、早朝から夜まで働く久吾右衛門やその弟子筋の大工たちは、やがて「龍澤寺大工」と称され、地元の大工と区別されるようになりました。同じ職人同士が二つに割れてはよくないと、幕末に大工及びそれに関連する職人の、いわば職人組合を結成したのが岡田家三代目の彦三郎（天保元年／一八三〇～明治四十一年／一九〇八）であり、私が会った彦一さんはその孫にあたります。彦一さんも大工としての道を選びました。

彦三郎がつくった組合の記録『諸職人御礼寄録』（文久二年／一八六二）は岡田家に伝わっています。これによると魚成をはじめ周辺一一ほどのむらの職人一二七人が職種別にわけられ、さらにその技量に応じて上中下の三段階にわけて記載されています。この組合は、明治以降も一部手直しをして県の認可のもとに続いていきました。

初代の久吾右衛門は、はじめに龍澤寺のそばにおちついたのですが、やがて前述した魚成地区の小字名《こあざな》の町というところに移り住みます。ここは周辺のむらにとって、文字通り町場としての機能をもっていました。北東の入口に三島神社がまつられ、そこから南西に伸びる宇和島街道沿いには、村役場をはじめ、雑貨屋、宿屋、酒屋など三〇軒ほどの家々が軒を連ねていました。伊予宇和島の城下へは八里ほどの道のりでした。

大正初期、この集落から三〇〇メートルほど北西の低地に、宇和島に通ずる新道がつくられます。商業的色彩の強いこの集落の家々は、一軒、また一軒と新しい道沿いに移り住み、何軒かの職人の家と農家だけが移らずに残りました。そのうちの一軒が岡田家になります。軒を並べていた家々の跡は、そのまわりの畑と同様に桑が植えられていきました。やがてこの集落の人々は龍澤寺の南の谷に溜池を築いてそこから水路を伸ばし、この桑畑を水田に変えていきま

魚成の岡田彦一家に伝わる資料（上）
「数寄屋雛形」「大工規矩尺集」といった大工関係の資料がみえる。
魚成の町の集落（下）
私が行った頃は5、6軒の家が残っているだけだったが、往時は学校、役場、宿屋、食堂などを含め30軒ほどの家が道沿いに並んでいたという。いずれも1970年10月した。この事業を発案し、中心になってすすめていったひとりが彦一さんになります。たとえば、周防大島を出た長州大工は、そんな形で四国山中に定住し、根づいていきました。山間の人たちも彼等の腕を認め、受け入れて腕を振るわせ、そうすることで自分たちの暮らしを豊かにしていきました。

12

ここでまた私の旅の話に戻ります。

岡田さんの話をうかがってこの城川町を出たあと、私は隣の日吉村《ひよし》（現愛媛県北宇和郡鬼北町《きほく》）というところに行き、そこから峠を越して土佐に入りました。峠を越すと、そこはこれまでいく度かふれた檮原《ゆすはら》というところになります。

宿をさがすため中心集落に入ったところで、急に雨がおちてきました。思わず目の前の宿屋らしい建物にとびこみました。その家のなかにいたおばさんは、私を泊めたものかどうか少し思案している風でしたが、結局そこに泊めてもらうことになりました。

その宿はなじみの行商人のみを泊める、いわゆる商人宿だったのです。それだけに食事も一般の宿屋のようには手間をかけず宿賃も安いところでした。そうした宿のために、一般旅館への気づかいからか普通の旅行者は泊めないことになっていたのです。ところが突然私が雨に降られて飛びこんできただけに、おばさんは断れずに受けてしまったわけです。

翌朝出立するときに宿賃として四〇〇円を支払いました（その頃、その町の普通の宿屋では一泊二食付きで一二〇〇円から一五〇〇円の料金でした）。宿のおばさんは私に弁当をつくってくれていました。それを受けとり礼を言って歩き始め、峠を二つ越えました。そこで田の畔に腰かけて弁当をひらくと、気をつけて旅をするようにという旨の走り書きの手紙とともに二〇〇〇円の現金が添えられていました。

岡田彦一さんから、よそ者を受け入れ腕をふるわせ、それを地元の力として吸収していく地域のあゆみをうかがってすぐに、私は旅びとの旅を支え、旅を続けさせてくれるものにふれたことになります。いや、実ははじめに岡田家を訪れた時の同家のおばさんの大きな声――「泊まっていきなせえ。うちの息子も富山のほうに行っとるが、どこで誰の世話になっとるやらわからん」――のなかにそれは明確にあったのですが。

それから一か月、いくつもの同様の体験をして私はほとんど現金を使うことなく四国山地横断の旅を続けました。

長州大工の旅稼ぎを考えるとき、私はどこかでその時の自分の旅の体験を思い出しています。それが多少見当ちがいであり、また大変厚顔なイメージの広げかただとわかっていても、私が旅という世界を知り始めた場所に、その二世紀余り前から彼等はよそ者として入り動いていたのですから。

檮原でいただいた二〇〇〇円は、どこか手をつけがたく、帰京してもそのまましばらく持っていました。その頃、私は宮本常一の教えを受けていました。

「弁当とか、ほかの品だったら抵抗なく受けとれるんですが、現金をいただくと、いいんだろうか、と少し気持ちがこわばります。」

そう話す私に宮本常一は笑いながら、

「もろとけや。弁当だろうが現金だろうが、同じ気持ちのあらわれじゃろうが。どうして現金だったら肩に力がはいるんじゃい。」

そう応じました。

13

この年の四国の旅でできた縁で、私は四国山地の中央より少し東に位置するある町の民俗資料の収集、保存を手伝うことになりました。

その後、この町の北東部を中心に私は五〇人近い古老から話をうかがうことができたのですが、そのうちの西豊永というところでお会いした大工の棟梁はこう話していました。

「私は長州大工の孫弟子にあたります。そりゃ長州大工は地元の大工とくらべたら腕がよかった。いろんな技術も知っていました。そいでよう稼ぐ。むらの娘にもてたといいます。まぁそれだけに、地元の大工とは仲がようなかった。けどなんちゅうてもお互い職人やから腕のいい者を認めていくようになるんよね。

長州大工がここに入ってくるまでは、礎石《そせき》のない掘立柱の家がずいぶんあったいうけんど、そんな造りの家を、長州大工は礎石をきちんと据えてながもちする柱の家に変えていったんよね。」

この表現はあの史料で目にした、そう思いながら私はその棟梁の家を辞し、夜道を宿に引き上げていきました。

その史料とは、嘉永三年(一八五〇)に、竹内重意《しげおき》という学者によって書かれた『太郎丸昔物語』というものです。土佐の藩政期の民衆生活を知るには必須の史料で、その当時の私でも目を通していました。

太郎丸《たろうまる》(高知県香美市《かみ》)とは、私が話を聞いた大工の棟梁の家から二〇キロほど南にあるむらです。

この史料の本文部分は、

「頃は天保中年の春古老集りて噺《はなし》けるは、実に昔とは此の村抔《など》も大《おおい》に違ひて諸事風袋《しょじふうてい》なども入《ひとしお》ことなり。」

と天保年間（一八三〇～四三）にむらの古老が集まって回顧談をする描写から始まります。その回顧談の中に「されども其節（元禄の頃を指す──引用者注）石ずへの家一軒もなし、栗の木の柱を掘立て梁大概《はりたいがい》九尺にて弐《に》間は稀《まれ》也。」との一節があります。この表現から逆に天保期には、「石ずへ（礎石）」をしている家が普及していたことがうかがわれます。この史料にはでてきませんが、おそらくその背後に長州大工の動きがあったはずです（注13）。

続いてその古老たちの語りを意訳してみると、かつての家は、「桁《けた》ゆき三間半ばかりのなかに柱を立てて、これを戸の口柱と呼んでいた。これに雨戸二枚を両方から立てあわせており、障子がないので昼間の屋内は暗く、このため昼は戸を両方にあけて横に筵屏風《むしろびょうぶ》を立てて、その上から光をとっていた」とあります。

こうした家の造りを長州大工は改良していったのでしょう。それはむらびとが日常生活のなかで切実に求めるものだったはずです。

14

四国山地での長州大工の足跡についての研究は、現在高知市におすまいの坂本正夫さんという民俗学者がすすめられおられます（注14）。

私のこの稿も、私が見聞したこと以外は、主に坂本さんの業績に依っています。

「高知県の中西部山間地帯の村々を歩くと、どこでも長州大工の話しが聞ける。」

高知県の西部山間に育った坂本さんはそう書いています。

「子供のころよく長州大工の話を聞いたものであった。小学生のころよく遊んでいた同級生の安井今枝君や、一つ下の榎並谷重友君の家は明治末期から大正初期にかけて新山源太郎という西方村下田の長州大工が建てたものであった。また私たちの通学していた泉川小学校や、猿や龍の見事な彫刻がある産土神・大植八所神社も、明治中期に同じく西方村下田の太田重右衛門という大工が建てたものであった。」

そうして坂本さんの叔父さん（明治三十五年／一九〇二生まれ）も、長州大工の孫弟子にあたるそうです。

土佐山間の日常生活のなかに、瀬戸内の文化はごくありふれて存在し、坂本少年の身辺をとりかこんでいたことになります。それは長州という土地への親しみや好奇心を育み、そのことによって生活文化は孤立して存在するのではないということが自然な形で認識されていったのではないかと思います。

これと合わせ鏡のように、周防大島西方出身の宮本常一――年齢的には坂本さんより二六歳ほど年長になりますが――はこう書いています。

「筆者の幼少の頃にはよく「あの家には使えなくなった土佐札が束にしてしまってあるという」といったうわさを聞いたものである。」（注15）

これは藩政期、土佐では大工の賃を藩札で支払うことも多く、しかもそれらの札は明治になると通用が停止された結果、郷里の家に残ってしまったことを指しています。

浜辺のむらと山間のむらはこうした形でつながっていました。

宮本常一が少年時代に白木山から眺めた山なみのなかに三坂峠はあったはずです。あの山のむこうはどんなだろう。そう思って見ていたその山のはるかむこうのむらで、それより二十数年ほど後に、長州とはどんなところだろう、やはりそう思っていた少年たちがいたのでしょう。旅稼ぎの大工がこの二つの認識を育み、結びました。

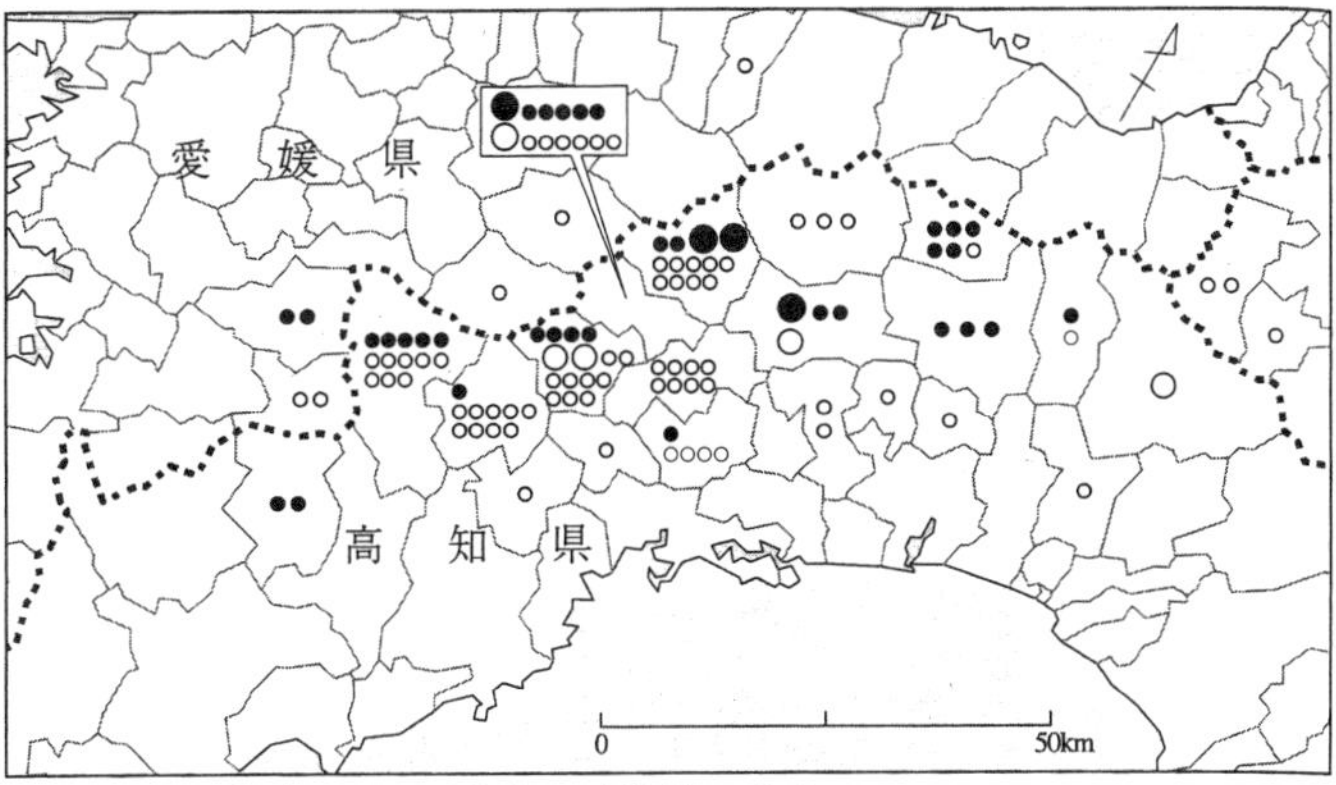

長州大工が手がけた四国山中の建造物の分布
ここに点を落としたものはほとんどが寺社建築である。大きな丸が10件、小さな丸が1件を示している。また黒丸は藩政期のもの、白丸は明治・大正期のものを示す。点線は県境。（『東和町誌』資料編1「長州大工」より作成）

15

こうした長州大工の事跡については坂本正夫さんの詳細な報告があります。

それによると四国山地で藩政期に七三例（うち高知県下七一、愛媛県下二）の、明治大正期に一二三例（うち高知県下一一五、愛媛県下五、徳島県下三）、計一九六例の長州大工の手による建造物が見つかっています。

彼等は宮大工としての腕をもっており、現在発見されている事例の多くは、その棟札から事蹟をつきとめやすい寺社建築なのですが、一般の民家までのこまかな調査がすすめば、さらに多くの事例が見つけ出されてくるはずです。おそらく伊予の山間は土佐の山間よりもその事例ははるかに多いはずであり、発見例が少ないのは未調査のためだと思われます。坂本さんは現在闘病中とうかがっているのですが、お元気なころ、電話で「長州大工の足跡はまだまだ見つかりますよ。特に伊予の山中では、寺社だけでも今発表されている二、三倍はあるはずです」と話されていました。

さらに愛媛県の城川町——前述した岡田彦一家のあるところです——の町立歴史民俗資料館には、長州大工の手による唐箕《とうみ》が収集されています。雨の日や仕事のない時は、こうした道具を頼まれて作っていたのでしょう。そうした足跡も今後あきらかになっていくのではないでしょうか。

吾川《あがわ》郡伊野《いの》町に来た茂次郎という長州大工は、腕がよいうえにいい男でしたが、ある時郷里からサツマイモの新品種を持ち帰り、土佐の人々を喜ばせたといいます。これは「長州イモ」、「茂次郎イモ」と称されたそうです。

「こんなよい男は何時の時代でも、もてるもので土地の娘さんは、ただおかない時代」と、坂本さんが話を聞いた伊野町の古老の言が続きます。伊野町は藩政時代から紙の製造で名が知られたところで、若い娘は紙漉《かみす》き場で夜業をします。そこに若い男たちが遊びに来ていたものだそうで、

「ある美人は茂次郎さんが好きで、特別に能率をあげて目にとまり、金的を射止めて夫婦

になることができたという。
その時の歌に、

〽 男取ろうと太い紙漉いて
　　男取ったが紙取れん

というのがあった」

そうです。

製紙作業に使う道具も長州大工が手がけることがあり、伊野町に来ていた長州大工も作っていたそうです。そのひとり、西川美代吉という大工は「髪をきれいにとき分けたハイカラな人だった」といいます。

茂次郎さんと夫婦になった土佐の娘は、彼の肌に外の世界の空気を感じていたはずです。長州大工がこの山間に運んできたものは、単に匠の技術だけではありませんでした。技を媒介に外からの風としてむらのなかに入り、そこに自らが根づき、あるいは人々のなかに根づくものを残していきました。

長州大工の出身地の周防大島では、現在こうしたことを追跡する民間のグループがあり、長州大工の仕事先の伊予山中との間で、長州大工の調査をきっかけに地域間交流が始まった旨のことを耳にしました（注16）。現代の人たちが先祖の時代のつながりに新しい息吹を吹き込んでいるのでしょう。実はそうした動きのなかで、私も前述した岡田彦一さんの孫娘の方（といってももう三児の母親です。私がはじめて岡田家をおとずれた時はまだ高校生でした）との交流が始まり、時々手紙のやりとりをしています。

16

四国山中のあちこちを歩いていた頃から一〇年を経た頃、私は西瀬戸内海の島々をやはり同じように歩いていました。この稿でしばしばでてくる周防大島の西方というところへもかれこれ二十数回足をはこんだと思います。

この西方の本郷というところ――「郷」がついていますから山すその集落になります――で親を大工にもつという明治三十九年（一九〇六）生まれのひとりのおばあさんに出会いました。

その父親（安政元年／一八五四生まれ）は、分家として出た家の四代目の戸主になります。分家の初代は紺屋《こうや》でしたが、それ以降は大工を家業とし、代々旅稼ぎを行ってきたそうです。大工をはじめた友祐《ともすけ》という二代目は、生家が貧乏なため先祖の位牌をタコノバチ（竹の皮と竹ヒゴでつくった笠）の下にまつり、「このタコノバチのゆれるのがお嫌いなら、どうか私を（位牌を立派な仏壇におまつりすることができるほどの男に）出世させてください」と祈り、腕をみがきました。やがて腕をあげ、弟子を何十人とそだて、土佐の番所も友祐の弟子といえば安々と通りぬけられるほどだったとの伝承をのこしています。

三代目の浅次郎も腕立ちの大工で、隣町の久賀のお堂を手がけている最中に、地元の大工が嫉みから作業場に嫌がらせの歌を書きつけたところ、すぐに機転の利いた返歌で応じてやりこめたといいます。

この家の代々の大工は、こうした伝承を様々に残しています。

私が会ったおばあさんの父親も郷里で十余人の弟子をもち、四国山中に行った折はその土地からも多くの弟子をとり、朝起きて顔を洗う時には、桶を用意する者と背後から袖を持ちあげる者と、弟子のうちで分担がきまっていただの、仕事で疲れて帰ってきたときは足洗い桶に焼酎を入れて足を浸たしただのといったエピソードには事欠きません。

そのひとつひとつが真実であるかどうかはわかりません。こうした話にはたとえの形で、それほど旅先では認められていたんだよ、ということを伝えるための増幅された表現が含まれてもいるでしょうから。ただ、郷里の家で大工の旅稼ぎがどのような形で語りつがれてきたのか、その一端はうかがえるように思います。

そのおばあさんが大人になったある日、父親にたずねたそうです。

土佐の山中じゃ、長州大工は下にもおかんもてなしじゃったというが、ひょっとして山の中に私の知らん腹違いの兄弟がおるんじゃなかろうか、と。

「おとうさんはフフンと笑うて答えざった。おるんじゃろのう。」

そのおばあさんも笑って話していました。

17

さて、これまで、当然のように「長州大工」、「土佐大工」といった言葉を使ってきましたが、それではなぜ、「大工」なのか、なぜ「土佐山中」なのか、わかる限りでここで整理しておきたいと思います。長州大工の土佐や伊予の山中への入り方は、単によそ者が外の文化を、「点」や「線」として持ちこんだのではなく、いわば「層」として広めていったように思えるからです。その動きには、たとえ一職種の職人の旅稼ぎとはいえ、それを単に個々の職人の技量や意気ごみのみに帰することができない背景があったようですから。

長州大工が四国山地に進出する前に、それに先行する形で西瀬戸内海の島々から木挽《こびき》職人がこの山間に入っていたといいます。これは、安芸《あき》の倉橋《くらはし》島（広島県呉市）や、伊予の中島（愛媛県松山市）の木挽で、土佐西部山間に船材を伐りに入ったものだといわれています。こうした動きのあとを追うように周防大島から木挽がこの山間に入っていきました。ここで述べてい

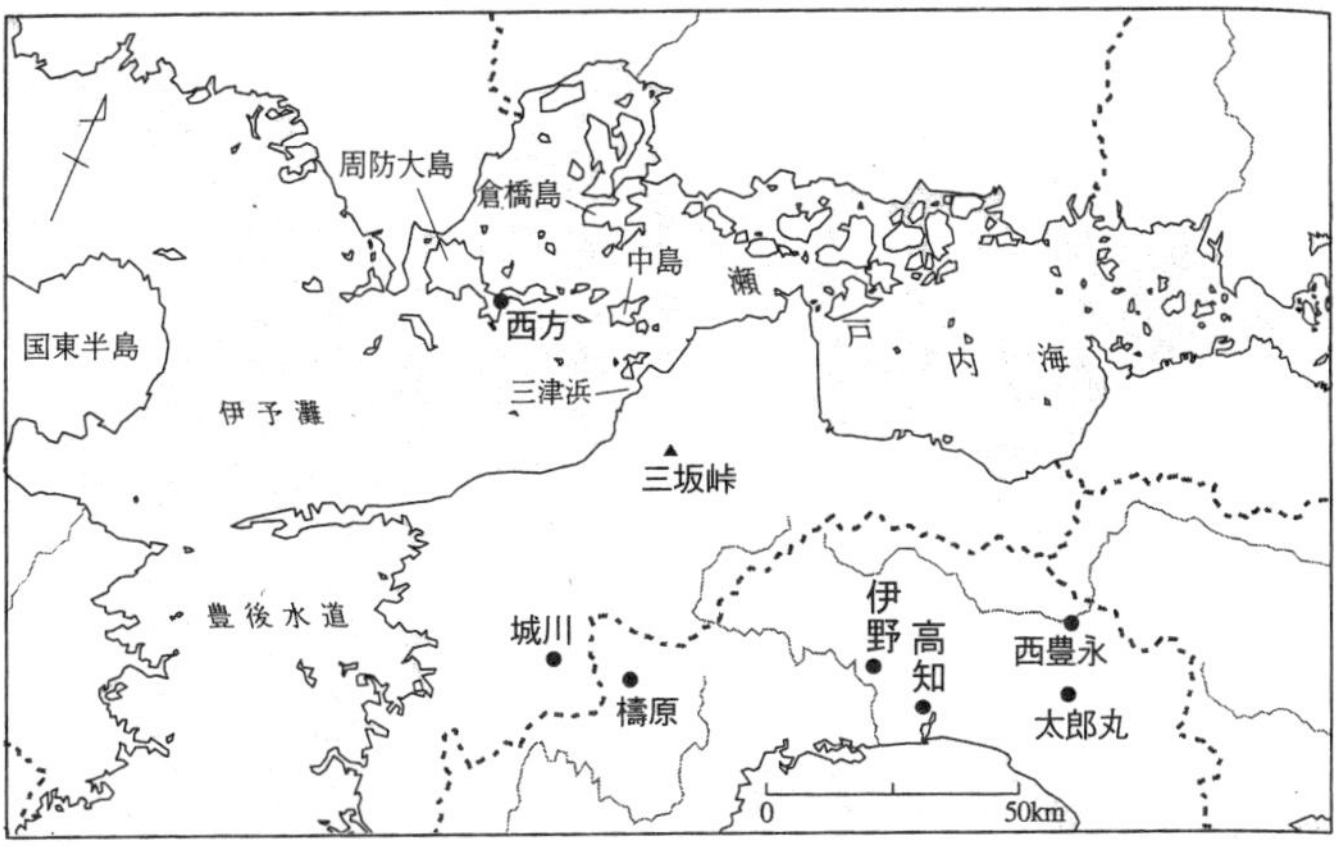

本章に出てくる主要な地名の概略
図中の表記地名の性格はまちまちである。西方、城川、西豊永、中島は旧町村名であり、各々周防大島町、西予市、大豊町、松山市に含まれる。檮原、伊野は現町名であり、ほぼ役場所在集落のあたりを示している。なお太郎丸は集落名であり現在香美市に属している。

るのは、断片的な伝承にもとづくことですから、文のおわりに「といいます」、「だそうです」と、はなはだ心もとない表現が続くのですが、現在のところそれ以上のことはわかっていませんので、心もとないなりに文を続けていくほかはありません。

こうして山に入った木挽の中には船材のみでなく建築用材を手がける者もあり、また、木挽から大工へと転じた者もいたらしいのです。四国山中で働いた長州大工のなかには、原材の伐採、木取りから建築まで一切を処理できる者も少なくなかったといいますから、木挽職人の技術も、その大工技術のなかに色濃く存在していたことになります。そうした大工になれば建築にとりかかる一年ほど前にやってきて木を伐り倒し、十分に乾燥させておき、再び建築のために訪れてきました。建造の際は小屋がけをし、その地に腰をすえました。

大工仕事は「木ごしらえ六分、建前四分」と言われており、木ごしらえに手間を要し、一般の民家を建てる場合でも一年間は見積りの期間をとって計画を立てたといいます。大きな寺社になると完成までに五年、一〇年とかかることもありました。その間食事の世話などはむらびとが行いました。それだけの期間、人手のかかる仕事でそのむらにいるとなれば、地元からも弟子をとり技術を伝えることも可能ですし、独り者はその土地で嫁をとりそのむらにおちつくこともありました。

長州大工の特徴は、彫刻に長じていることでした。これはほんとうにかすかな伝承のなかで伝わっていることですが、長州大工は、その技術をもとは豊後《ぶんご》で身につけたといいます。だとすれば国東《くにさき》半島の宮大工の技術の系譜を引いていることも考えられます。

前に述べたように、現在わかっている長州大工の事跡は、多くが寺社やお堂です。信仰の厚い四国の山間地帯の人々は、彼等にまずそうした建物の造営を依頼したことでしょう。私が土佐山中で見た長州大工の手による社《やしろ》は、その外側に鞘堂《さやどう》(建物を保護するためにさらにその外側をおおうようにつくった建物)がつくられ、鞘堂の中に入ると、その経てきた年月を思わせないほどの若々しい社がまつられていました。むらの人々がこの寺社をどれほど大切にしてきたの

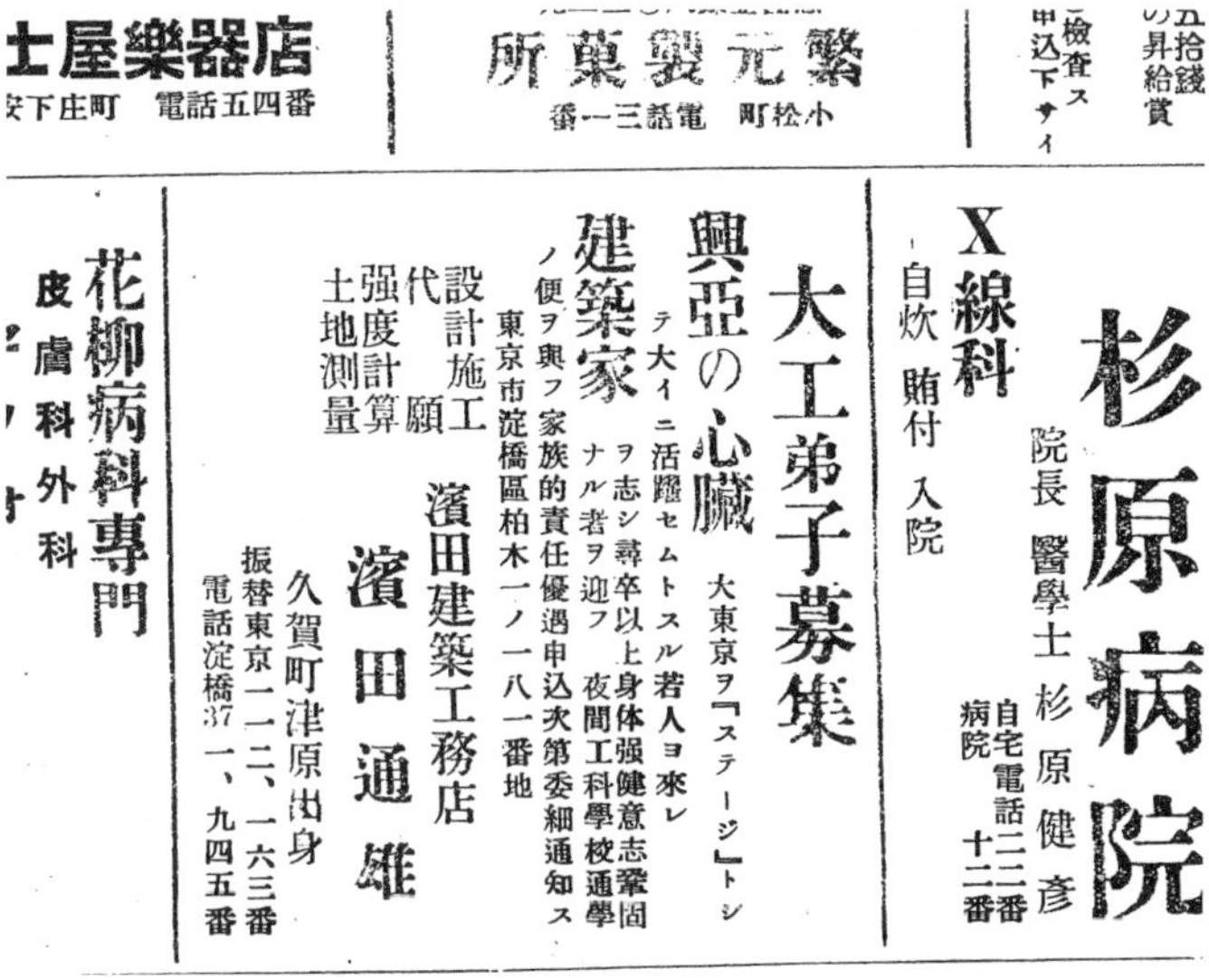

長州大工の発展　東京へ
長州大工の郷里で刊行されていた「大島新聞」（本社は山口県大島郡小松町・現周防大島町）の1940年10月13日の広告欄より。「出身」に記されている久賀町は周防大島内の町。

か、その若さはそれを直截に伝えていました。

明治になると藩政期の番所はなくなり、さらにこの山間では楮《こうぞ》、三椏《みつまた》などの換金作物が前にも増して作られ、豊かになっていきました。そのことは長州大工にますます活躍の機会をあたえたことでしょう。

腕に技術をもち、そしてそれを求められるところにさえいけば米の飯はついてまわる、そうした姿勢で腕をふるっていた彼等のことですから、その後、西南戦争後の南九州や、濃尾地震後の東海地方などにも仕事を求めて積極的に出かけています。

彼等がまず出た先が四国山中であり、前述のように船材用の木挽の動きが一因となっているとすれば、これは海と山とが密接な形でつながっていて、大工の動きもそれをなぞったにすぎないことになります。また、もし豊後の国東半島の宮大工の技術が長州大工の源流となっているのなら、山の番匠の技術が海のむらに伝わり、それがまた山のなかに運ばれる形で伝えられたと見ることができるかもしれません。

もうひとつ、藩政期から、周防大島の者は僧となって四国の寺々に入る者も多く、また、お四国まいりをするものも多く——この島には幕末にひとりで一代のうちに二八〇回ほど四国をまわった人物もいたほどです(注17)——四国はなじみ深い土地という思いが根づいていたこともその底流にあるのかもしれません。ことに宮大工を中心とした旅稼ぎだけに、信仰面でのつながりは小さくないように思います。前述した龍澤寺の山門を造った岡田家の場合などは、まさにそうした面を反映しているのでしょう。

18

この章を宮本常一というひとりの旅びとの文の引用で始めました。ここでもう一度彼のことに戻して文を結びたいと思います。

彼は晩年長州大工の追跡調査を自らも行い、徳島県と境を接する高知の山のむらで、郷里の長州大工が建てたみごとな社を見ます。その棟札には「吉金利兵衛」という宮大工の名前がありました。棟札の年号は明治四十年、ちょうど宮本が生まれた年になります。

「吉金《よしかね》のじいさんなら、わしゃよう知っとる。わしが七つか八つの頃、道で四、五人の友達と遊びよったんよね。その頃やけ、着物の下はフリチンじゃ。そしたらそこに居あわせた吉金のじいさんが、お前、それじゃ風邪ひくぞちゅうて、わしにパンツをくれた。そやからあの辺の子どもではじめてパンツをはいたんはわしよ。

けど、おどろいたなァ、あのじいちゃんがこんな立派なものをつくっとったんかい。子どもの眼には、何のへんてつもないふつうのじいさんやった。若い頃には大工をしよったが、ということは聞いとったんじゃがね。」

年をとれば郷里に帰り、食べるに困らないほどの田畑にむかい、ごくありふれたおだやかな老人としてむらのなかで暮らす。それもまた旅をした人のひとつの生き方なのでしょう。青年期、壮年期に、存分にふるった技や放ったエネルギーなど、まるで四国山中にきれいに置き忘れたかのような顔つきをして。いや、そうした古老がさりげない形でむらのなかにいるということが、どこかでむらうちの健全さを支えていたのではないかと思います。

宮本常一は、柳田國男の書物から、身近のごくありふれたものが新鮮な情景として立ちあがってくるような衝撃を受け、そのことがきっかけとなって民俗学の道に入りました（注18）。宮本の郷里の古老は、宮本の晩年にまで彼にそうした姿を見せつづけてくれたことになります。そうして宮本は一生を通じてそのような発見に胸をおどらせ、まわりの者にその楽しさ、そこからとらえる文化のおもしろさを飽《あ》くことなく説いて鬼籍に入りました。

吉金のおじいさんの腕に驚く宮本を前にして、私自身は、まことに間の抜けたことに、「（宮本）先生でも、御自身の郷里についてこんなふうに驚くほど知らないことがあったのか」と、宮本の驚きかたに驚いていたのですが。

もうひとつ私自身のことを蛇足と思いつつつけ加えておきます。

私が育ったのは九州の福岡市です。私が小学生の時、父親がそれまで住んでいた社宅を購入する形で自分の家を持ちました。その折、改築のため家に大工の棟梁と四、五人の職人が何か月か通って来ました。その大工仕事の合間に、私は棟梁のおじさんに模型飛行機の作りかたなどを習ったものですが、それから二〇年余を経て、その棟梁が宮本常一と同郷でしかもなじみの長州大工だったことを知りました。

明治以降、長州大工は九州にも進出しており、こうしたことは充分に可能性のあることなのですが、私個人の感覚からすればこれは驚くほどの偶然です。こんな偶然に出会うと、人はよく「世間は狭い」と表現します。

この場合、狭くしていったのは長州大工の旅稼ぎでした。その動きは、人と人との間の網の目をそれとは気づかぬ形で、より密にしていったのでしょう。そうしてそれは、これまでこの章でふれてきた様々な次元の資料や体験——宮本常一の郷里への想い、坂本さんの幼少期の体験やその調査業績、太郎丸の古老の語り、そして私の旅の見聞など——を樹枝状につないでいきます。その幹になるのは、大きな意味での旅、見知らぬ世界への衝動であり、そのことによる自己の生への肯定であり確認であるとおもいます。

この稿をこうまとめて終えるのは少しこじつけがすぎるでしょうか。けれども私にそう結ばせたくさせるのも、また旅のもつ力のような気がしています。多くの長州大工も、宮本常一も、坂本さんも、私が知っているあのぬけるような青い空のもとで、峠の風に吹かれて四国山地の踏みわけ道を越えて行ったのでしょうから。

注

1 宮本常一『中国風土記』(広島農村人文協会、一九五八年)の冒頭の一節。これはのち未來社から刊行されている『宮本常一著作集29』(一九八四年)に収録。なお、この二冊では本文表記に若干の差がみられるが、引用はこの著作集一一～一二ページから。
2 宮本常一「あの島　この島　①はげた島」『中国新聞』一九五五年四月四日。
3 拙書『東和町誌』各論編第一巻「むらの成立」東和町、一九八六年。
4 宮本常一『家郷の訓』（三国書房、一九四三年）「年寄と孫」の章の冒頭。本書は『宮本常一著作集6』（未來社、一九六七年）から引用。なお本書は一九八四年に岩波文庫より再刊。
5 拙書　前掲書。これは内入《うちのにゅう》というむらの事例。
6 宮本常一・岡本定『東和町誌』東和町、一九八二年。
7 宮本常一『忘れられた日本人』（未來社、一九六〇年）の「土佐源氏」の冒頭。この書は一九八四年に岩波文庫から再刊。この引用箇所は岩波文庫版からのもの。
8 平尾道雄『土佐庶民史話』より。これは『平尾道雄選集』第二巻（高知新聞社、一九七九年）所収。ここでの引用はこの選集の四三ページから。
9 『檮原村史』檮原村、一九六八年、一七五～一七六ページ。
10 坂本正夫氏からの御教示による。
11 坂本正夫『東和町誌』資料編一「長州大工」東和町、一九九三年。
12 龍澤寺修復委員会「禹門山龍澤寺」同寺発行、昭和五十八年。
13 竹内重意「太郎丸昔物語」『日本庶民生活史料集成　第九巻』（平山敏治郎ほか編、三一書房、一九六九年）所収。なお、引用にあたりルビをふり、旧漢字を常用漢字にかえている。
14 坂本正夫　前掲書。

15　宮本常一・岡本定　前掲書。なお、宮本常一は『宮本常一著作集40　周防大島民俗誌』（未來社、一九九七年）中の「一　ふるさと大島」の章で「土佐で稼いだ長州大工」として一節をたて、このことにふれている。

16　『周防大島の建築文化壱　長州大工の足跡』長州大工調査ボランティア編、二〇〇八年、『同弐　彫刻師門井鳳雲　瓦産業の盛衰』周防大島文化振興会編・発行、二〇〇九年。

17　中務茂兵衛『四国霊場略縁起道中記大成』鶴村松一編、松山郷土史文学研究会、一九七一年。

18　伊藤幹治・米山俊直『柳田國男の世界』（日本放送出版協会、一九七六年）のなかにつぎのような宮本常一の言葉がある。

「『遠野物語』を読みまして私自身がいちばんびっくりしたことは、じつはそこに出てくる話は、内容は違いますけれども、われわれ子供のときにしょっちゅう聞いておった話なんですね。それが書かれている。しかもそれがわれわれからしますと、ひじょうに簡潔な美文なんですね。われわれは、そういう話はごくありふれた話なので、つまらないものと思っておった。それがそうではなかった。そして、こういうふうに表現すればそういうものになるのかという、そういう驚きが一つあったんですね。……そしてこういうものが学問の素材になるのだろうかということをひじょうに強く考えさせられたんですね。……これならばおれのところにもあるぞ――。」

あとがき

二〇〇五年の初夏、雄山閣の久保敏明さんという未知の編集者から一通の手紙をいただいた。宮本常一に関する本を作ってみたいのだが執筆を検討してもらえるだろうか、という文面のものだった。突然とはいえこうした執筆の機会をいただけるのはありがたいことなのだが、テーマがテーマだけに私はその時返事を保留し、私の状況や希望についていくつかのことをお伝えしておいた。

ひとつは、そのころ私は長崎県の海士《あま》のむらの民俗誌のとりまとめの準備をすすめており、これは私にとって宮本常一からの「宿題」ともいうべき作業であるから、これが終わらない限りほかの仕事にとりかかるゆとりがないということ。

次に、「宮本常一」というテーマで論をたてるということは私にとって――本書の「はじめに」で述べているように――なじめないものだから、あらたに書き下ろすという発想などはもてず、もしとりまとめるとすれば、これまで折にふれて宮本先生について書いたものに手をいれてまとめる形しか考えられないこと。そしてそれがはたして一冊の本という形を取りうるものになるかどうかはまだわからないということ。

さらにもうひとつ、もしそうした形でとりまとめることができたとしても、その本のタイトルに「宮本常一」の名を一切いれるつもりはないこと。

この最後の申し出は大変わがままな一面を含んだものであることは私も承知していた。本のタイトルとは、一般の商業出版社から商品として世に出す以上、執筆者や編集者の意向のほかにおそらく営業サイドの意見も反映させて決めていくことが、通常の進め方だろうからである。営業サイドからすれば、できれば魅力的なタイトルを、たとえそうでなくとも、少なくともひと目でそれがどんな内容の本なのかがわかるような言葉がそこにはいっていることが望ましいはずである。その本を売り場に並べる書店のおやじさんが、タイトルを一瞥しただけでそれがどの棚におさめる分野の本なのか、すっとわかるような書名がそこでは求められることにもなる。宮本先生について書かれた本で、タイトルにその名をいれないという条件は、すこしでも多く「売ろう」とする出版社の当然の姿勢の足を引っ張る申し出であろう。

ただ、この点はゆずるつもりはなかった。宮本常一についての社会の関心が定着し始めたとき、その名をタイトルに背負っての本（その本につける帯の表現にまでは口出しないにしても）を出すことは、多少なりとも教えを受けはしたものの吸収力の乏しさを自覚している者として恥ずかしく、またなにかそぐわなさを感じているからである。本文中に書いたように、そんなことをするならほかにもっとやることがあるはずである。この条件——はたから見ればしょうもないこだわりにすぎないんだろうなとも思うのだが――が認められないのなら久保さんの申し出をお断りするのもやむなしと考えていた。

こうした条件を久保さんはとりあえず了承してくれ、しばらく待ってくれることになった。私はどうなるかわからない本というイメージで頭のなかで棚上げして、数年がすぎた。

前述した海士のむらの民俗誌――結果として雄山閣からの刊行になった――が形になったのは二〇〇九年一月。その校了の少し前に、久保さんに以前の企画案はまだ生きているかどうかを確認し、しばらく考え、その四月からとりまとめてみることにした。これはどうも「宿題」をすませたという解放感が背中をひと押ししてくれたように感じている。脱稿したのは八月末だが、それから間をおかず久保さんは雄山閣を辞めることになった。本書がこうした形で成ったいきさつを、まず彼との関わりを述べることでふれておきたかった。

これまで折りにふれて書いたものに手をいれたと記したが、本稿は五つの文章のかたまりからなっていて、最後の二つの文章は、表現もアプローチも前の三つとは異なっている。そのためそこを切り離して全体を二つにわけた。前半の三つが「覚え書き　その1」、あとの二つが同じく「その2」である。

「覚え書き　その1」のはじめの章は、

＊宮本常一『空からの民俗学』（岩波書店、二〇〇一年）の解説の拙稿に大きく手をいれ、ま

た分量も三割ほど書き足したものになる。足したものの一部は拙稿の、
＊「宮本常一　問題提起力をはらんだ大きな存在の問いかけ」（『アエラムック　民俗学がわかる』朝日新聞社、一九九七年　所収）や、
＊「磁場としてのフィールド、プロセスとしての情報」（『環』20「情報とは何か」藤原書店、二〇〇五年　所収）の一部からとっている。
その次の章は、
＊『彷書月刊』という雑誌の二〇〇九年一月刊行（特集「旅の空にて」）の号に寄せた「フィールド・ワークの旅の風――思い出す言葉とともに――」という短文がもとになっており、これに、
＊六三ページの注5に記してある雑誌『未来』に連載した文の一部などを加えて、さらにそれに書き足したものになる。
三番目の章は、
＊「民具と民俗世界」（香月洋一郎・野本寛一編『講座日本の民俗学9　民具と民俗』雄山閣、二〇〇二年　所収）に半ばを拠り、残りは書き足している。もっともこの論考自体、
＊「民具というのぞき窓から」（『神奈川大学評論二十三号　特集民俗学の可能性――日本文化再考』神奈川大学、一九九六年　所収）を発展させたものになっている。

「覚え書き　その2」は二つの章とも、話し言葉で書かれている。そのはじめの章はシンポジウムの記録をもとにしたものであり、次の章のもとになったものは、話し言葉での執筆を依頼された原稿になる。

そのシンポジウムとは、二〇〇五年に沖縄大学地域研究所が主催した全八回のシンポジウム「方法としての沖縄研究」で、私はその八回目に「語るという行為の表と陰」というタイトルで発表させていただいた。この記録はのちに全二冊の本となって刊行された。私の発表はその下巻に掲載されたが、

＊「語るという行為の表と陰」（沖縄大学地域研究所叢書7『地域の自立　シマの力　下』新崎盛輝・比嘉政夫・家中茂編、コモンズ、二〇〇六年　所収）がそれであり、章の三分の二をそこからとり、さらに手を加えている。

次の話し言葉の表記で依頼された原稿とは、

＊「技をもつ人々の旅」（『ものがたり日本列島に生きた人たち8　民具と民俗　上』編集協力宮田登、岩波書店、二〇〇〇年　所収）になる。

この章のなかでふれた長州大工の足跡を追っている周防大島の在野のグループのひとりから、長州大工と同じように、宮本常一も——研究者だの指導者だのということではなく——島を出て豊かな旅を続けたひとりの旅びととして位置づけることができないのだろうか、そう

言われたことが頭に残っていたのでこうした形の文章になった。これも原文にかなり手をいれている。

それ以外にもこれまであちこちで書いた拙稿をいろいろな形でもぐりこませて成ったのが本書ということになる。こうしたことについてはある程度まで各章末の注に示してはいるが、いわば混成部隊の原稿であるため、そうした注の表記もそう厳密には統一せずに付している。また、他の方の本からの引用文は、同様の本が刊行元を改めていく種類も出ている場合は、たまたま手元にある本から書きうつしているし、文書史料の部分にはルビなどを付けたものがある。

なお校正の段階で籾山睦さんと香月孝史の手を借りたことを付記しておきたい。

もうこうしたテーマで本をとりまとめることはないように思う。「宿題」の民俗誌を書き上げてなにか区切りをつけたと感じたのと同様に、この「あとがき」を書いていて、ひとつの節目への整理のような手ごたえを感じている。

かつて日本観光文化研究所という宮本常一が主催していた在野の研究所があり、私もそこに属していた。宮本はこの「観光」と言う言葉を、太陽のもとに出て陽の光を見ること、光を浴びること、と表現したことがある。その伝で言えば、私をフィールドという世界に引き出してくれ、そこを吹き抜ける風のなかに立たせてくれたのは彼である。本書のタイトルはそのことを頭においてのものになる。たぶん私は手元にいく冊かのおもしろい本がありさえすれば、それを読んでおとなしく一生をおくるタイプの人間ではなかったかと思っているからである。

サブタイトルに「民俗世界」という語をいれたことに深い意味はない。「フィールド」という言葉自体が広い意味を持っているため、本書がどういうジャンルの本かを示しておきたかったからにすぎない。ただ、「民俗」と言う言葉を用いても、柳田國男、折口信夫といった名前から直に連想される世界のものとはすこし違う意味あいのものであろうと思い、「民俗世界への覚え書き」として少し距離感を示した。

宮本常一は大きく、とてもそれを越えられるような存在ではない。上に抜けることなど考慮の外のことだとしても、そろそろ少し横に抜けて動いてみたいと思う。その教えを受けて、もしわずかでも身に付いたものがあるとすれば、それはどう動いても付いてくるであろうし、付け焼刃のところはきれいに削ぎ落ちるはずである。

ただ、歩いてそして表現していくこと、これはもう変えようがないように感じている。

二〇〇九年　師走

於　西荻窪

香月洋一郎

香月　洋一郎（かつき　よういちろう）

1949年　福岡県生まれ。民俗学。一橋大学社会学部卒業　日本観光文化研究所所員を経て1986年から神奈川大学経済学部助教授、日本常民文化研究所所員、1995年4月から2009年まで同教授。著書に『景観のなかの暮らし――生産領域の民俗』（未來社）『空からのフォークロア――フライトノート抄』（筑摩書房）『山に棲む　民俗誌序章』（未來社）『記憶すること　記録すること――聞き書き論ノート』（吉川弘文館）『猿曳き参上――村崎修二と安登夢の旅』（共著、平凡社）『海士のむらの夏――素潜り漁の民俗誌――』（雄山閣）など、訳書に『ハワイ日系移民の服飾史――絣からパラカへ』（バーバラ・F・川上著、平凡社）がある。

平成22年4月5日初版発行　　《検印省略》

フィールドに吹く風――民俗世界への覚え書き――
（ふぃーるどにふくかぜ――みんぞくせかいへのおぼえがき――）

著　者　香月洋一郎
発行者　宮田　哲男
発行所　㈱雄山閣
〒102-0071　東京都千代田区富士見2-6-9
電話　03-3262-3231㈹　FAX　03-3262-6938
振替：00130-5-1685
http://www.yuzankaku.co.jp
印刷所　吉田製本工房
製　本　協栄製本

© YOUICHIROU KATSUKI　　Printed in Japan 2010
ISBN 978-4-639-02126-1 C0039
法律で定められた場合を除き、本書から無断のコピーを禁じます。

雄山閣

海士《あま》のむらの夏

―素潜り漁の民俗誌―

香月洋一郎 著

A5判・292頁／定価4,200円

長崎県佐世保市宇久島平の海士の人たちの「熱い夏の日々」を、彼等の語りを中心に描き出し、列島漁撈文化の一端を鮮やかに切り取った素潜り漁の民俗誌――土佐山中の焼畑のむらを記述した『山に棲む　民俗誌序章』（未來社、1995年）に続く民俗誌次章。

■ 目次より ■

Ⅰ　はじめに
　1　いくつかの断章から／ 2　東シナ海の海と島
Ⅱ　宇久島、平、浜四町
　1　宇久という島／ 2　家盛伝承をとりまく世界
Ⅲ　海士の群像
　1　海士の神様／ 2　海士の現代／ 3　親から子へ／
　4　変容と継承
Ⅳ　海の中へ
　1　朝七時出漁／ 2　健康管理
Ⅴ　やせていく海
　1　年々の海／ 2　海士の明日
Ⅵ　海士の周辺
　1　鮑集組合／ 2　海士をとりまく漁／ 3　祭りと海士